少儿·阅读写作策略丛书

XIEZUOLI CHUANGYI SIKAO DE XIEZUO CELÜE

写作力

创意思考的写作策略

[加] 阿德丽安·吉尔 著

朱永新 王 林 主编 岳 坤 副主编

陈中美 钱 飏 译

接力出版社
Publishing House

桂图登字：20-2013-090

图书在版编目（CIP）数据

写作力：创意思考的写作策略 /（加）阿德丽安·吉尔著；朱永新，王林主编；陈中美，钱飏译．—南宁：接力出版社，2017.8
（少儿·阅读写作策略丛书）
书名原文：WRITING POWER
ISBN 978-7-5448-4975-3

Ⅰ.①写…　Ⅱ.①阿…②朱…③王…④陈…⑤钱…　Ⅲ.①作文课－小学－教学参考资料　Ⅳ.①G624.243

中国版本图书馆CIP数据核字（2017）第179476号

责任编辑：李雅宁　　文字编辑：孔　倩　　美术编辑：许继云
责任校对：王　静　　责任监印：刘　冬　　版权联络：王燕超
社长：黄　俭　　总编辑：白　冰
出版发行：接力出版社　　社址：广西南宁市园湖南路9号　　邮编：530022
电话：010-65546561（发行部）　　传真：010-65545210（发行部）
http://www.jielibj.com　　E-mail:jieli@jielibook.com
经销：新华书店　　印制：天津市国源印务有限公司
开本：710毫米×1000毫米　1/16　　印张：14.625　　字数：200千字
版次：2017年8月第1版　　印次：2020年4月第3次印刷
印数：14 001—17 000册　　定价：39.80元

丛书序

在读写中思考与创造

纵观十几年来世界各地的教育改革，无不是把阅读力的培养放在重要位置。国际上针对全球四年级的PIRLS（国际阅读素养进展研究）和高中二年级的PISA（国际学生评估项目）考试，测试的重点也是在阅读力上。近年来，国际教育界看到了写作在帮助学生获得成功上的巨大作用，更是把关注重点从阅读力过渡到写作力。

其实，阅读和写作本来就是密不可分的。“学而不思则罔，思而不学则殆”。说的就是阅读与写作的关系。阅读是站在大师的肩膀上前行，写作是站在自己的肩膀上攀升。写作是阅读的自然成果，也是真正思考的开始。

阅读力是思考力。语言是思维的工具，而阅读正是用语言去“破译”文字背后的意义，阅读的重要作用是触发学生的思考。但是，由于中文的特殊性，加上长期的教学惯性，我们的语文教学仍以背诵和记忆为主要手段，很少教“思考”。

写作力是思考力。阅读是输入，写作是输出，都能促进思考。作品的优劣往往取决于作者思考的广度、深度和创意。但是，由于我们的语文写作教学不进行思考练习，加上对优美语句的过度重视，学生写出的作文最常见的问题是内容不清，逻辑不明，表达不畅。

思考力是创造力。一个思考力很弱的人，在任何领域都不会取得太高的成就。人工智能已经大踏步地“入侵”人类的思考领地，但是，我们应该看到，入侵的主要是在计算机等领域，未来人类值得骄傲的仍然是思考力、美感力和创新力。

这么多“力”合在一起，构成了这套丛书想表达的主要意思：阅读力、写作力、思考力和创造力，如同人的大脑中的四个齿轮，相互促进，相互作用。所形成的思考力和创造力，正是语文教学应该从学生的成长入手，为学生的未来奠基，教给孩子的带得走的能力。

以上就是翻译这套书的初衷，是我们长期观察语文教学，推进新教育实验的过程中迫切需要解决一些问题而引进的。阅读力、写作力的培养要靠阅读策略和写作策略的训练。为什么要学习读写策略？有哪些读写策略？如何教授读写策略？效果如何评估？有没有可以简便易上手的做法？这些内容都将在这套书中一一呈现。

为什么要学习读写策略？我觉得有三点重要原因：一、在强调传统教学的同时，也强调教学的变革。国际上的阅读教学在阅读材料和教学方法上，已经发生深刻变革。例如，在阅读材料上，童书越来越成为教学的重要内容；在教学方法上，讨论和思考越来越成为教学的重要内容。从PIRLS等的阅读测试题目也可以看出，除了一些简单的“直接提取信息”的题目外（谁？什么地点？什么时间？什么事？），越来越多地考查学生的高层次思维的能力，特别是批判性思考和创意思考的能力。二、在强调阅读量的同时强调阅读的“质”。学生的阅读需要一定量的积累，但不是读得越多，阅读能力就自然提升。很多学生读过不少书，但却不会思考。研究已经表明，阅读策略需要教才能获得。三、在强调快乐阅读的同时，也关注有难度的阅读挑战。在儿童阅读的起步阶段，多谈些“兴趣”“快乐”是没问题的，但过度强调或一直强调，则易使学生倾向于读简单的书，稍有难度则放弃。正是这种原因，导致了不少小学生到毕业之时，还是以阅读图画书和漫画书为主，迟迟不能读文字书。

有哪些读写策略？国际上谈论的读写策略，和我们语文教学中常谈到的“阅读方法”“阅读技能”不太一样，读写策略是以理解为核心，以思考为着力点，帮助学生寻找文本信息、获得意义的方法和技巧。研究发现，熟练的读者都运用了有效的阅读策略帮助他们理解文字。读写策略有多少种，不同的专家有不同的说法。本套书的作者将其归纳成五种，分别是：联结、提问、图像化、推测和转化。首批推出的这三本书都是围绕这五大策略如何在课堂上使用展开的。中国老师在教学时，一些传统有效的重要策略仍应该保留，例如，做笔记的策略、摘要的策略，归纳主旨的策略。

如何教授读写策略？首批出版的这三本书的作者来自加拿大的一线教师，实用是本丛书的一大特色。作者制作了许多表格，而且单列在书后，就是希望教师们可以直接复印下来使用。针对我们的语文教学情况，在教授读写策略时，教师们可以参考如下步骤进行：教师解释并示范读写策略——学生合作练习，领悟读写策略——学生独立练习，使用读写策略——学生熟练掌握，将读写策略应用于真实的阅读环境。需要注意的是，一项读写策略的运用自如，需要时间累积和反复练习。

读写策略的重要性已经越来越被国内语文教育界所认识，在新版的语文教材中还编写了关于读写策略的单元。对大部分教师而言，读写策略还是新鲜事物，这套书的出版可谓及时雨。

这套书的出版经历了不短的时间。2012年新阅读研究所就开始规划一套“新阅读译丛”，第一批拟推出两个系列，一个是以赫希教授的“核心知识”为主题的系列，一个就是这次以读写策略为主题的系列。前者已经在福建教育出版社出版，后者由接力出版社出版。这套读写策略原版书五年前即从国外购回，并组织翻译。其间，新阅读研究所和出版社都经历人员变动，加上对译稿反复打磨，耽误了一些时间。幸亏有王林和岳坤力促此事，才毕五年之功，得以和各位读者见面。

“他山之石，可以攻玉”，希望这套引进的读写译丛，能让老师们窥国外语文教学之一豹，更希望老师们能在课堂上把读写策略教起来。同时，“新阅读译丛”是一个开放的文库，欢迎大家给我们推荐优秀的国外相关图书，我们将及时组织翻译，介绍给国内的读者。

朱永新

2017年8月1日

自序

记得小时候，每年的一月二十五日，我们一家人都会邀请客人，一起聚在餐桌旁分享一顿独特的晚餐，以纪念逝去的诗人罗伯特·彭斯[①]。在那天，我和爸爸、妈妈，还有姐妹们都会穿上传统的苏格兰短裙。伴随着悠扬的风笛乐曲，我和姐妹们会端上盛着羊香肚[②]的银盘，齐步迈进客厅。在庄严的仪式和氛围下，爸爸会用他的银质长剑挑起羊香肚烧烤，并背诵罗伯特·彭斯的饭前祷告词："有些人有肉但吃不到/有些人没有吃的东西/但我们有肉又能吃到/让我们感谢主吧。"用完晚餐，爸爸会从椅子上站起来，大声朗读几首他最喜欢的罗伯特·彭斯的诗。我们坐下来，静静地听着爸爸朗读，那些诗我们早已熟记于心。这位苏格兰诗人是爸爸的挚爱，虽然彭斯的诗他背诵

① 罗伯特·彭斯（1759—1796），苏格兰农民诗人，在英国文学史上占有特殊重要的地位。他复活并丰富了苏格兰民歌；他的诗歌极富音乐性，可以歌唱。1月25日是罗伯特·彭斯的诞辰日，每年的这天晚上，苏兰格及世界其他地方的人们都会为这位伟大的平民诗人举行隆重的纪念活动，称为"彭斯之夜"。——译者注

② 羊香肚（Haggis），又称肉馅羊肚或羊杂布丁，是"彭斯之夜"的典型食品，彭斯曾写诗盛赞这道美食。——译者注

了许多遍，但每次背诵时，他依然会感动得热泪盈眶。

现在已经过世的父亲是一个热情澎湃的人，他深深热爱着英语这门语言。简单地说，他热爱那些词语，为诗歌的力量所感动，为十四行诗的结构而着迷。当他大声朗读彭斯、莎士比亚或惠特曼的作品时，他向我们展示了作者如何用语言深深打动读者。但在那时，我尚未意识到这是多么重要的一门学问，或者说，我尚未意识到，作者与读者之间那种密切的互动关系对我和本书的影响有多大。在父亲给予我的诸多天赋中，他对语词运用的深谙其道，以及那份澎湃的激情，让我最为感激。

深受父亲的影响，我成为一个词语收集爱好者。从十来岁起我就开始收集各种词语、句子，以及诗歌，多年来我写了大量摘录笔记。有时候，我会用漂亮的花体字做摘录，并配上插图；但有时候，我只简单地把它们记在笔记的一角。《死亡诗社》这部电影我看了不下二十遍，每次我都会记下罗宾·威廉姆斯扮演的诗人约翰·基丁读给他的学生们听的诗歌。这些摘录我读了一遍又一遍，多年来一直记在心中，有时会把它们写进给别人的生日贺卡或慰问卡中，或在特殊的场合朗读。这些从别人那里摘录下来的词语对我常常是莫大的安慰，给我带来欢乐和感动——我将它们视为一份珍贵的礼物。我渐渐认识到，词语是真正的礼物，它们远远不只是呈现在纸上的墨迹，而是一份邀请，邀请我们去思考、去提问、去联想、去想象、去分析，我们的生活，我们和他人的关系，以及我们的世界。我一直认为自己是个读者。然而，直到现在我才意识到作者和读者之间的关系是多么紧密。没有

> 简单来说，写作就是作者和读者站在笔的两端；他们理应如此紧密。
>
> ——杰伊·R.古尔德

作者，就不会有读者。没有读者，也不会有作者，当然关于这点还有些争论。

读者和作者之间的亲密关系是这本书的内在基础。许多指导写作的专著都聚焦在写作过程本身，而我希望这本书能走得更远。我的目标不仅是帮助学生更好地理解如何写作、写些什么，更想让他们明白，写作是为了什么。希望他们能明白，写作不仅包括纸上语言的建构，也包括这种建构如何对读者产生影响，这里的读者可以指代任何人。教授写作这门课应该强调作者和读者之间的关系。

当我的大脑因为思绪太多而变得沉重起来，我就知道该开始动笔了，幸好我能利用写作减轻大脑的负担。自从那天我坐在客厅里被一堆图画书包围，第一次有了写这本书的想法，我就一直在思考这样那样的问题，大脑也变得越来越沉重。那天，我突然意识到阅读也可以从另一个角度来理解——从作者，而不是从读者。顿悟的那一刻，问题随之而来：这种为读者考虑的意识能影响并提升我们的写作能力吗？对于这个问题，我依然没有答案，但本书也许是探索答案的第一步。拉尔夫·弗莱彻说过："栽培年轻作者可没有奇迹发生。"也许，培养一种意识，去了解我们正在为之写作的读者的想法和心灵，至少是"栽培"好作者的开始。

目录

丛书序　在读写中思考与创造　/ 1

自序　/ 5

概述　/ 1

一、写作力和阅读力的关系　/ 2

二、期待目标　/ 4

第一部分　为读者写作　/ 7

第一章　什么是写作力　/ 8

一、怎样有效地写作　/ 8

二、从阅读到写作　/ 10

第二章　写作力的构成　/ 13

一、写作力的课程计划　/ 13

二、课程计划的实施　/ 16

第二部分　写作的三种力量　/ 28

第三章　启发读者思考　/ 29

第四章 思考力：创意思考是写作的源泉 /33

第五章 叙述力：两种故事结构 /37

一、故事结构 /37

二、自制漫画故事书练习 /41

第六章 技术力：写作的技巧 /46

一、课程：介绍写作技巧 /47

二、课程：添加细节 /48

三、课程：比喻 /50

四、课程：重复句 /54

五、课程：六种感觉 /54

六、课程：情感表达 /55

七、课程：语言和复杂语言 /57

八、课程：使用第三人称写作 /58

九、课程：拟人化 /59

十、课程：第一印象 /60

十一、课程：对话 /63

第三部分 写作力课程 /69

第七章 与读者建立联结 /72

一、联结的力量 /73

二、关于我的联结 /73

三、与“感觉”联结 /76

四、与“一位特别的成年人”联结 /80

五、与“一位朋友”联结 /84

六、与“一位兄弟姐妹”联结 /87

七、与“倒霉的一天”联结 /88

八、与“记忆”联结 /90

第八章　在读者头脑中创造图画　/ 102

一、从思考力到图像化　/ 103
二、把苹果图像化　/ 105
三、把季节图像化　/ 107
四、把天气图像化　/ 112
五、把特殊的地点图像化　/ 116
六、把想象的地点图像化　/ 121
七、把颜色图像化　/ 124
八、把人物图像化　/ 127
九、把想象的事物图像化　/ 131

第九章　引导读者提问和推测　/ 141

一、从思考力到提问和推测　/ 142
二、引导读者深度提问　/ 146
三、从提问到推测　/ 150
四、情感推测　/ 152
五、用短信给我发个故事　/ 154
六、由少量文字进行推测　/ 158
七、寓意推测　/ 161
八、写一首诗练习推测　/ 163
九、用诗写一件事　/ 166
十、画一幅画讲故事　/ 169

第十章　用写作影响读者　/ 181

一、从思考力到影响读者　/ 182
二、改变读者对“多样化”的想法　/ 183
三、改变读者对“和平、爱和家庭”的想法　/ 187
四、改变读者对“欺负人”的想法　/ 190
五、改变读者对“个性化”的想法　/ 193

六、改变读者对“改变”的想法 /196
七、改变读者对“希望和感激”的想法 /200
八、改变读者对“克服困境”的想法 /203
九、改变读者对“什么是最重要的”的想法 /206

最后的话 /216

概述

> 要有伟大的诗人，就必须有伟大的读者。
> ——沃尔特·惠特曼

我接受基础教育的时候，每周三下午有两节相连的写作课，叫作“创意写作”。在这门课上，我们所有人都会写同一个题目：“我的夏天”“宠物”“万圣节”“我的朋友”等等。“创意写作”，老师却对写作技巧不给予任何指导，也没有人去精心挑选一本图画书让我们读，学习其中某种特殊的手法，运用到我们自己的写作中去。没有计划，没有头脑风暴，也没有写作准备。每周就是布置一个题目，要求我们完成一篇作文，用现在的标准来看，就是一种“冷写作”(Cold writing)。两节课之后，学生中少数几个会被挑选出来，朗读我们默默写出来的作文片段。然后作文就上交了，老师会用红笔批改，钩、圈、下划线，标出其中所有的拼写、标点和语法错误。这些错误都要统计出来，作为给我们评分的唯一依据。不经过编校，不考虑风格、语态和词语的选择。到下周，错误都更正过来，誊写好，文章就完成了。

幸好，后来我们就不再用这种方式了。感谢唐纳德·穆雷、唐纳德·格雷维斯、露西·凯尔肯斯、乔治亚·赫德、雪莉·哈维尼、拉尔夫·弗雷彻、乔恩·博泰卢比、鲁斯·卡尔哈姆——这里只能列出少数几人的名字，正是由于他们这些优秀的教育家对写作天赋和写作指导的深刻洞察，如今写作才被认为是一个过程，而不是一个产品；作者们受到鼓励，从自己的生活和经验中汲取写作资源；文学作品常常被视为优秀写作的典范；并且，在打分和评价的时候，意义、词语的选择和创意所占的比重跟语言使用规范所占的比重一样大。

一、写作力和阅读力的关系

如果写作从来就被视为一种个人爱好的话，那我的爱好就在阅读上。近十年来，我的工作主要聚焦在如何引导教师想办法提高他们指导学生阅读的水平上，包括理解策略中具体而微的指导。推行阅读力教学实践是解决复杂问题的切实之道——不仅帮助学生更好地阅读文本，也帮助我们更好地思考文本。从布置和评判阅读理解题，到对理解策略提供有目的的、明确的指导，这是一个重大的转变，它与写作指导中发生的“大转变”同等重要。

时常进行反思非常重要。与成千上万名教师相同，当说到一个已经教过十七遍的单元时，我会有点沾沾自喜，但这时如果我不及时反思我在阅读指导中存在的一些严重问题的话，《阅读力：文学作品的阅读策略》就永远得不到改进。事实上，不仅仅是问题——现在回过头来看，我所做的阅读指导，实际上是不存在的。虽然没有人会质疑我和学生在做真正的阅读，但是说实话，我其实没怎么教过学生阅读。然而，我发现一旦学生掌握了解阅读文本的能力，阅读指导就不应该停止，所有教师都有责任为学生提供明确的阅读指导，不管他们教几年级——认识到这一点，对我来说是个重大的发现。这个发现或许决定了我的阅读指导方向，更具体地说，是对理解进行的指导。

《阅读力：文学作品的阅读策略》之“新”，被许多教师认为是对阅读指导理论在某种程度上的突破。过去在课堂上极少出现对理解方式的指导。小学低年级教师对阅读指导依然还集中在音形义的辨识上，而小学中高年级教师绝大多数会让学生把阅读技巧运用到课题、小说研究和阅读作业等活动上，却少有明确的对阅读理解的指导。《阅读力：文学作品的阅读策略》为教师们提供了切实可行的指导理解的方法。

另一方面，近二十年来写作指导也经历了许多突破。对如何教授写作这样的理论话题的探讨是如此之多，甚至让人难以抉择。而近十年里发生在阅读理解理论上的“大转变”，早在三十多年前就已经发生在写作领域了。唐纳德·格雷维斯对写作指导革新性的研究，就是众所周知的“过程写作”，彻底改变了北美洲乃至全世界写作指导的面目。在此之前，学校里的写作行为就是我前面提过的那种“创意写作”课。除了着重强调规范和拼写之外，极少或几乎没有对写作的指导。唐纳德·格雷维斯及其同辈们，包括露西·凯尔肯斯和拉尔夫·弗雷彻，为我们开辟了“过程写作”的新世界。这个过程包括计划、草稿、编辑 、小课堂，以及引导孩子更深入地思考用词，并运用他们自己的经验和观察来写作。学校里的写作指导从此焕然一新。

> 写作技巧是为了创造一个语境，让其他人思考。
>
> ——埃德温·斯劳斯伯格

“特征写作”和“特征6+1”代表了写作指导及评价方式的另一个重要突破。“特征”这个概念同样改变了教师指导写作的方式，它设计了一个系统，能告诉学生好作品的特质在哪里。把好作品分解成一个个非常具体的特征，如声音、架构、创意和规范等，在提供优质的写作指导和提升写作技巧方面，这一方法被证明是非常有效的。“特征写作”的模型已经在整个北美洲得到了推广和实施，再次改变了教师们在课堂上思考、计划、执行和评价写作的方式。

“过程写作”和“特征写作”这两种写作指导理论均有效地影响了教师们在课堂上指导写作的方式。可以说，“过程写作”解释了写作中的“如何”——如何计划，如何打草稿，如何写，如何编辑，等等；而“特征写作”则解释了写作中的“什么”——什么特质才是好作品应该具备的。但就像我在评估自己的教学实践时常做的那样，我在思考：好像还缺点什么……而看来所缺的正是写作中的“为什么”。

现在，我承认这感觉就像是冒险进入了某个未知领域。我心怀感激地认识到，前人已经提供了许多专业性资源，其观念和理论能为我们的年轻作者提供有效的写作指导。当绝大多数理论研究和实践着重于通过研究写作过程和洞察好作品的特质，来提升写作指导水平的时候，我却要勇敢地宣告，我所进行的研究和实践——作为读者的思考意识，并不能指导或提高个人的写作能力。

一滴小小的墨水，会带来数千人的思考。
——诗人拜伦

我写这本书的目的，并不是重复过去的知识财富。“过程写作”和“特征写作”是诸多成功方法中的代表，我们中的许多人已经将其用在了自己的写作规划中，并不断地对其加以完善。就像《阅读力：文学作品的阅读策略》从来没有打算取代现在的指导方法，而是仅仅作为一种补充，《写作力：创意思考的写作策略》也只是想提升我们现有的指导水平，而不是取代那些已经行之有效的东西。《写作力：创意思考的写作策略》的目的在于帮助教师向年轻作者指出发展读者意识的重要性，并在写作过程中通过思考邀请读者进入文本中来。《写作力：创意思考的写作策略》把话题从“如何写作”转向“为什么写作”，并强调写作中非常重要但常常被忽略的一面：读者。

二、期待目标

本书的目标是帮助教师设计开发有效的写作课程。关于我的《阅读力：文学作品的阅读策略》一书，我从教师们那里得到的反馈是：他们很喜欢这本书，因为它很实用，其中的课程他们也能轻松跟上。在这本书里我也会尽量做到这一点，书中会有明确的示范课设计，通常附有教案。我认为对教师们来说重要的一点是向学生们提供写作范例，所以书中也有可用作示范的例子，以防我们在写作过程中大脑某一刻突然空白。

示范课后还附有许多可复制的表格，教师们和我一样喜欢这些简单易用的工具。

本书分为三个部分：

- 第一部分“为读者写作”介绍关于阅读和写作理论研究的重要背景知识。这便于我们理解本书从何而来，又如何与《阅读力：文学作品的阅读策略》联结。这部分的第一章介绍写作力的课程框架，以及我对作者笔记本、会谈和编辑的思考与想法。第二章讨论如何对学生的写作进行评分，并为不同年级的写作提供评分规则。
- 第二部分“写作的三种力量”是重点内容，包括基本的写作课程，并介绍一些重要的写作概念。这部分的第一章介绍术语“他者认知”——读者元认知的另一方面——包括写作目的和作者邀请读者思考的概念。第二章“思考力”介绍“大脑仓库”的概念：作者写作创意的来源。第三章“叙述力”是本书着重强调的几种不同类型的文章结构。第四章“技术力”给教师们提供了一些介绍各种写作技巧的示范课，这些技巧在全书中的示范课中均有涉及：人称、表达、比喻等等。我们的目的是让学生们学到这些技巧，并为他们创造多种机会，让他们在各种不同的写作练习中用到这些技巧。
- 第三部分“写作力课程”按照“理解策略”的五个大家都已熟悉的方面——联结、提问、图像化、推测和转化——来循序渐进地安排课程。这次我们从写作者的角度来应用这些策略，检视写作怎样吸引我们的读者。这些课程根据写作过程的各阶段，如写提纲、写作、讨论、修改、分享来设计。

> 本书第三部分，会在写作策略之前或同时，引入写作“宏观思考”的课程。

虽然选集类书籍被标记为P-初级和I-中级，但图画书可为初级和中级学生共同使用，为特定写作技巧和思维策略做示范。

与《阅读力：文学作品的阅读策略》一样，本书每节课都有推荐的参考读物（被标记为P-初级和I-中级，参见第39页）。已经拥有“阅读力”系列图书的教师将能够在写作课程中使用这些参考读物。

我需要在这里花一点时间来说明一下我在编写这本书——写作课程，以满足一至七年级的每位老师的需求——的时候遇到的许多问题之一。《阅读力：文学作品的阅读策略》的可控之处是，它能够满足不同阅读水平和年级的需求——即使学生可能还不知道如何阅读，他们也仍然可以“思考”，而且解读能力不是思考的先决条件。因此，一年级和二年级那些正在发展阅读技能的学生仍然可以在老师朗读时将内容联系起来或进行想象。但写作和阅读不一样。即使你还不知道如何阅读，你依然可以思考，但如果你还不知道如何写字，你就不能写作。书写能力是发展写作能力的先决条件。一年级的老师可能会在看到这些课程后想：我的孩子们根本做不到。他们连写自己的名字都不会呢！教低年级的小学教师很可能直到学年的最后一学期才能开始教这些写作课程，因为直到那时，学生才开始学习如何握笔、写信、开始学习用文字发声等等。但你可以从本书一年级学生的写作范例中看出，随着书写能力的提高，这些学生能够有效地在纸上展开自己的想法。

本书并不是想让每个年级的每一位教师向他或她的班级教授书上的每一节课。教师需要根据自己的年级和能力水平调整课程，并自行选择那些学生能够接受的课程。不过，我确实相信，教低年级的小学教师可以早在教授这些课程之前开始种下“写作者要让他的读者感兴趣”的种子。教师在一段朗读之后评论，“我真的很喜欢这个作者让我们所有人与这本书相联系的做法”，或“这个作者所用的词句让我觉得很有画面感”，足以让孩子们开始思考读者和作者之间的重要关系。

第一部分 为读者写作

作者为何要写作？对于这个问题或许会有各式各样的回答，但是我们都认同一点，大部分作者是因为拥有想和他人分享的想法而写作——将抽象的想法具体化，让一个在落笔之前只属于写作者，但很快又会属于所有人的想法变得实在。作者“赐予”读者文字，希望可以触动他们——通过欢笑或眼泪；通过提出问题，通过与读者建立关联；以及通过文字图像化。作者分享他们自身经验中的点点滴滴或他们所关心的事物给读者，向读者伸出手去，默默地邀请他们参与思考。

我自问：假如这是作者写作的原因，为何我们不能将之传递给学生？为什么不将“为何写作”作为写作课程的一部分？假如作者知道读者会在看作品时参与思考，为何不能做些微调来支持他们进行这些思考?

本书提倡的正是这样一种观念：作者和读者是紧密相连的。我们应该认识这种关系，并在指导学牛写作的时候加以强调。我认为，我们的学生经常弄不清写作的目的，以为只是为了交作业。结合思考的写作，实际上帮助我们改变了在学校学习写作的重点和目的，由此或许能够让学生发展出一种更强大的“作者—读者”关系。

第一章　什么是写作力

一、怎样有效地写作

理论研究促进实践发展。不管我们是否认识到，现今我们使用的大部分教学方式，都是理论研究的结果。理论研究至关重要，一些具有先锋性的理论研究对我们的教学实践产生了革命性的影响。在写作指导方面，我们不能否定唐纳德·格雷维斯关于写作过程的研究和保罗·迪德里希对写作特征的研究产生的巨大影响。这些学者跟其他的许多学者一起，对过去三十年来在课堂上如何教授阅读和写作的实践，起到了至关重要的引领作用。

> 写作过程：怎样有效率地写作
> - 计划
> - 起草
> - 写作
> - 讨论
> - 修改
> - 分享
> - 发表

1．“写作工作坊”的训练

20世纪80年代，唐纳德·格雷维斯和他的导师们、支持者、追随者——包括唐纳德·穆雷、露西·凯尔肯斯、拉尔夫·弗雷彻等人在写作理论中引入了“过程写作”这个概念。格雷维斯的研究让我们认识到写作过程可以分解成一些特别的步骤，包括计划、起草、写作、修改等。这些步骤都可以融合到一个称为“写作工作坊”的训练过程中。格雷维斯关于写作过程的研究启发了教师发展出“写作工作坊”这种指导方法，引导学生进行计划、起草、写作、讨论、修改、分享和发表等工作。那种每周四下午一个小时的“创意写作”，老师提供题目让学生写作文，而分数评估主要基于语言使用规范，这样的日子已经一去不复返了。而“写作工作坊”这种训练方法，要求学生每天都写作，并由自己来决定命题；评估更是着眼于作者的才能，而不是有多少拼写或语法错误。老师通过一些短小的课程，清楚明晰地教导学生如何使用不同的写作技巧，帮助学习写作的人更好地理解写作过程，更多地掌握写作的相关知识。

2. 写作特征6+1

写作特征的雏形是从20世纪60年代保罗·迪德里希的研究理论中衍生出来的。他很想知道，是否存在一种让大家认可的有效的写作方法，以及通过何种方式能将这种方法传达给人们。迪德里希认为，有五个最重要的写作要素：想法、结构、形式、选词和风格。1984年，他的研究成果被新奥尔良的一批教师使用，如维基·斯班德和杰夫·希克斯，他们和西北地区教育实验室（NWREL）一起，重新定义了这些要素。这些要素就是现在众所周知的好文章的六个基本特征。

> 六项写作基本特征，有效率地写作，怎样写：
> - 想法
> - 结构
> - 表达
> - 选词
> - 句型
> - 规范

之后鲁斯·卡尔汉姆又在这个框架下增加了一个特征——发表，从而构成了“写作特征6+1”。定义这些特征，建立一套作者常用的语言体系，以及为教师建立评估表，都提升了写作指导的质量。这些指导包括帮助教师为学生设立写作目标和写作标准，同时建立一套对优秀作者的期望标准。

3. 阅读理解和阅读力

“写作工作坊”和“写作特征”这两项卓越的研究成果，重新勾画了过去二十年来教师教授写作课程的图景。通过使用这两种方法，教师有了工具和语言来指引学生更加有效地进行写作。同样，在20世纪80年代，戴维·皮尔森有关熟练阅读者的研究也改变了我们对于如何提供阅读指导的想法。阅读理解再也不是每一篇文章读完后所提出的十个问题，而是教会学生特定的思考方法，帮助他们与文章互动，从而加强对文章的理解。在阅读理解的指导上，理论研究结果促使教师研发出一套普遍适用的课程框架和通用的教学语言。

十年前，我提出了“阅读力”这个概念，把它应用在我所在学校教师教授阅读的实用方法上。这种方法可以称为“元认知”，也就是认知认知本身。它主要将阅读集中在五个特别的理解策略上——联结、提问、图像化、推测和转化——从而引导学生在阅读中思考。阅读不仅是要知道书里在讲些什么，而且也涉及读者脑中在想些什么。感谢戴维·皮尔森的研究，阅读不再是你和学生一起“做”一件事，而是你“教”学生一件事。纵观全国的教学现状，许多阅读计划还是缺少了理解指导这一环。

> 熟练的阅读者能够：
> - 联结
> - 提问
> - 图像化
> - 推测
> - 决定重要性
> - 分析及综合文章
> - 理解

二、从阅读到写作

回顾过去，我相信“写作力”源自我和儿童文学之间的强烈联系。文学一直是我教学的一个组成部分。我经常使用绘本、小说，还有非虚构类文章作为我的教学材料和出发点，这是我的教学方式。我的学生都非常熟知，我的大部分课程都是由一本书开始的。那些熟悉我的“阅读力”的读者也知道，绘本在教学和帮助学生掌握阅读策略上起到了关键

> 你读得越多，你就会写得越多。你读的东西越好，你就会写得越好。
>
> ——安妮·迪拉德

作用。我也为教师罗列了许多“阅读力”书单，可以用于不同策略的教学和实践。

阅读上百本书，根据不同的策略将它们进行组织整理，会带给我无法描述的欢乐。我为一本新书，一个新题目甚或一个新版次而存在。有人或许觉得我疯了，花那么多时间在书上，读到三更半夜，还要决定哪本书采用哪种策略。“你怎么有时间？”他们问。当我坐在一堆平铺开来的新书前，时间骤然停止。我打开一本书，心跳加速，热切地想发掘埋藏于封面底下的宝藏。我喜爱体味用字，细品图画，让自己去感受、欢笑、哭泣、思考。我热爱纸张在手中的感觉，喜欢没有翻开的书香气味。我总认为，作者写的文字是赐予我的礼物，有时我想归还那份礼物，但有时，那些文字可是我珍视的宝贝。我读了一遍又一遍，还把它们放在我的枕头底下，直到书本变旧，变残。书就是那么美好。

有一天，我又坐在了一堆新绘本前，根据阅读策略将它们分类。突然，一个想法跃入脑中。为什么现在我对根据不同阅读策略将书分类是如此驾轻就熟，不管这是一本“联结”的书，还是一本“提问”的书？这是怎么做到的？可能人们会认为那是因为我做了很多次，也许会说因为我很聪明！但是仔细想想，答案其实和我个人无关，就算我有丰富的经验和过人的才智也毫无用处。我不得不说，这是因为和写作有关。写成的作品邀请我思考，邀请我提问、联结、图像化，还有推测。突然之间，就在那一刹那，我从另外一个角度看到了“阅读力”——写作的角度。

我们花了十多年时间，要求学生在阅读时留意好的作者如何写作。不过，先让我们停一停，问问自己这是怎么做到的，为什么我们觉得对一些书有感觉，对另一些则没有？读到这本书时，提问自然产生，但读那本时却没有？为何某些书让我们脑中容易产生形象？答案是，因为作品本身邀请我们这么做。

好的作品自然地让读者产生联结，提出问题，推测发展，图像化和令读者发生改变。但是否所有写作者都明白这些策略，在写作时脑中有这些概念呢？这些概念能否影响他们的写作？写作者要怎么努力才能让他们的作品影响读者？是技巧？是主题？这些是“写作力”中的问题。就如同思考是“阅读力”的原则，思考也是“写作力”的中心。不过，不是要求写作者思考自己所写的东西，恰恰相反，“写作力”是要求写作者思考读者阅读的过程。思考联结着写作和阅读。当我们阅读，我们的一只眼睛看着书页，另一只则在我们的脑中，找寻和文章互动的方法，让我们更加理解文章；当我们写作，我们的一只眼睛看着纸张，另一只则在我们的读者身上，找寻方法来确保互动的发生。

所以，什么是“写作力”？那是一种符合以下特点的写作指导：

- 有系统性的
- 为写作加入思考
- 是联结阅读指导和写作指导的方式
- 重心在写作过程中的步骤和技巧，而不是作品
- 专注于为何写作，而不是写什么，怎样写
- 并不是用来取代“写作工作坊”或写作特征，而是将这些策略整合
- 为写作提供主题、示范书和指导

已经在课堂上使用“阅读力”策略的教师，只需着眼在阅读课和写作课的相同策略上，就能轻易将阅读和写作联系起来。比方说，在学年的开始，假如阅读课的重点是建立联结，那么写作课的重点就是邀请读者建立联结。

第二章　写作力的构成

许多年前，我在将“写作工作坊”概念引入课堂时，面对的第一个挑战，就是所花费的时间。大家知道，每天都花大量时间写作并不是一件容易的事。另外一个挑战，则是“写作工作坊”的杂乱无章。我的学生写作水平参差不齐，写作对象五花八门，写作时间的安排也各有所好。教室一角，一名学生正和伙伴讨论问题；教室另一角，另一名学生在构思他的新故事；而也许在其他地方，有人已经开始动笔了。理论上讲，以上几个学生都做得不错，可是从管理的层面来看，这无疑就成了一场噩梦。

也正是因为这些，我在“写作力”上使用了系统的方法。我通过每周观察发现，大多数学生的写作依然是在他们个人经验的基础上展开的。他们往往集中于相同的主题和相同的写作技巧，写作过程大同小异：计划、写作、修改、讨论和分享。

每周利用这些课程提纲的教师，可以使用本书第22页上有关写作力的周计划表制订计划和追踪主题、策略、示范书、学生讨论和学生分享。

一、写作力的课程计划

写作过程，根据唐纳德·格雷维斯的理论，指的是：

· 找到一个写作的点子，并把它组织好
· 把它动笔写下来（有时运用新的写作技巧）
· 和一个伙伴讨论并进行修改
· 分享并且发表（有时可以发表）
· 本书中的课程将一个星期分成3—4节写作课时，建立起系统的课程框架。这些写作课，每节30—45分钟，根据你自己的日程安排和所教年级决定。每个星期，我们会介绍一个新的主题，而这个主题是这一星期所有课程的重点

> 小学教师可使用以下词语描述写作力课程框架：
> 第一课　计划时间
> 第二课　写作时间
> 第三课　修改时间
> 第四课　分享时间

第一课：主题和计划

策略重点：每节课开始，提醒学生“写作务必专注”这一策略。最好和你阅读课的策略重点一致。

好的读者在阅读的时候，会建立“联结”。作为写作者，我们今天的目标就是写一些东西来让读者和写作者之间建立“联结”。

课程重点：每节课集中一个特殊主题，围绕写作策略重点展开。例如：和朋友的关系，将天气图像化。

示范书：示范书用来导入主题。教师大声朗读出来，全体学生一起讨论这本书是如何有效展开或引入这种策略的。

工作计划表：每节课的课堂上都提供工作计划表。教师首先解释工作计划表的意义，学生也会有时间独立制作工作计划表，同时教师应该督促学生在下一节课之前完成所有的工作计划表。此外，教师可以有选择地使用工作计划表，以便更好地满足不同年级或班级的需要。

第二课：写作

分享：每节课开始，学生两两一组分享工作计划表。

写作技巧：每节课以介绍一种写作技巧为重点，下一节课务必要反复提到之前课程学习的写作技巧。

> 参见第46页的技巧课程，在本书中你会看到很多教师示范的例子。

教师示范：教师示范，怎样从工作计划表中抽取点子，以及如何使用写作技巧来完成一段文字。

学生写作：学生打草稿。根据不同年级，可以从10分钟至20分钟不等。

教师巡视：学生写作时，教师可以在教室巡视，或与学生个别讨论。

第三课：讨论和修改

> 参见第23页写作力讨论记录。

讨论（星星、愿望和想法）：每个星期学生都需要和一个伙伴讨论，大声朗读他们最新的作文。讨论不仅是为了提出赞赏或给予意见，也是为了练习思考。伙伴之间一起工作，教师可以每星期参与其中一组的讨论。

修改：学生根据一份修改意见表，独立进行修改。（参见第20页）

第四课：分享和发表

> 我们都很清楚忙碌的一周时间很紧，尤其是遇到假期或是教师发展日的时候。在每周的写作课程中前三个阶段是很重要的，第四阶段就不是必需的了。在本书第三部分中，没有具体安排第三、第四天的课程内容。

发表：能否誊写一篇好文章或者成功发表一篇文章，要由年级的不同来决定。没有必要每篇文章都要发表。虽然我们鼓励孩子发表一些他们写出来的东西，但是文章的好坏并不是重点，重点在于，我们应该更加关注过程而不是结果。

分享：每周挑选3—4名学生在课堂上分享他们的作文。学生可以自愿参与或轮流参与。

二、课程计划的实施

1. 组织

唐纳德·格雷维斯和露西·卡尔金丝率先为我们介绍了“写作笔记簿”——这是一本特别的簿子，和别的用于文字记录的簿子有所不同。写作者必须时刻准备好，提笔来记录想法、片段或生活中的一瞥等等，以作日后写作之需。艾米·巴克纳的“笔记簿须知”就是从写作者的角度给我们的重要提醒：产生想法、脑力激荡、组织想法。有些年，我花了很多钱为学生买小开本的笔记簿，因为我想让他们觉得，写作者的笔记簿是特别的，不同于学校的练习簿。我喜欢的写作笔记簿，应该是一本真正的笔记簿，是那种因长久使用而磨损破旧的笔记簿，我每周都要拿着二十七本这样的簿子回家打分。而且我还发现，很多学生不喜欢小簿子中纸张尺寸的限制。笔记簿的尺寸限制了写作者发挥，让我接下来的打分更显得难上加难。

> 多年来我一直使用写作档案夹：一个有三个袋子的档案夹，学生可以用来分类存放他们的计划、草稿和发表的作品。但是档案夹太大的话放不进课桌里，单张的纸老是掉出来，而且那些袋子也没有被很好地归类。

在这个不成功的经验之后，我找到一个有些沉闷但又非常有效的办法，可以用来将计划、草稿和其他纸张归类：使用活页夹。我发现大家都能够用不同的办法让学生把写下来的东西归类，有些人甚至认为一本真正的笔记簿可以培养出真正的作家。的确，活页夹让学生更容易抽出或是加入纸张，而且可以将作文按照不同的策略分门别类。

> 对于活页夹，有些学生使用起来有困难，那他们还是选择笔记簿和档案夹为好。

2. 讨论

在其他人面前大声朗读你写下的东西，是一个检验文章的好方法。唐纳德·格雷维斯将讨论作为写作中的一步介绍给了大家。老师和学生之间的讨论，让学生有机会能够和老师一对一谈论他的写作，而教师也可以利用这段时间对学生进行非正式评估，或是鼓励、督促学生从某一个方面开展写作。

成对讨论是另外一种讨论作品的方式。根据我的经验，这种讨论需要教师先训练学生，给予他们一些特别的指导，否则无法达到预期的效果。我喜欢在讨论之后马上进行修改，因为学生经常在大声朗读时发现错误，而这是在默读时发现不了的。

我一直喜欢在讨论中使用“一颗星星和一个愿望”这种方式，让学生在与伙伴分享自己的作品之后给予特别的反馈。因为“写作力”的重点是关注于读者的思考，我就将“想法”也列为一个反馈内容：

一颗星星	“我很喜欢……”
一个愿望	“你为什么不试试……”
一个想法	“这部分让我想到了……”

第一次将“讨论”这个概念介绍给学生的时候，一定要通过举例的方法，示范在讨论时如何做出合理的反馈。请参考下面的写作讨论参考法。和伙伴讨论时，可以分角色进行：朗读者和聆听者。另外，务必清楚地说明“讨论”时哪些要做，哪些不要做。

写作力周计划表

朗读者	
要做的事： · 当你朗读时，将你的文章平铺在你和同伴之间的桌子上 · 大声、清晰地朗读 · 朗读时如果发现错误，用铅笔迅速做记号以便之后容易找到，然后继续朗读	不要做的事： · 朗读时不要将你的文章立在眼前 · 朗读时不要含混不清 · 朗读时不要当时就停下来做大量修改
聆听者	
要做的事： · 当你的伙伴朗读时，看着手中的文章 · 尊重并且专注于对方的朗读 · 对方结束朗读时，给予“星星”（赞赏）、“愿望”（建议）和“想法”（分享你思考的结果）	不要做的事： · 对方朗读时，不要看着自己的文章进行反复修改 · 对方朗读时，不要左顾右盼，说话或玩耍 · 不要批评或者说不礼貌的话

3. 修改

现在我仍然记得在小学和中学阶段，从老师那里接到过满篇被批红的文章。而像“不清晰”“注意拼写”或者“好好努力”这类的评语，并没有给我信心或是让我在写作上有所进步。修改是写作的一环，所以需要在教室中指导并且练习。据我的经验，在指导学生的过程中，修改文章有一个小问题：孩子讨厌修改。我们教会他们怎么做，给他们一张又一张检查列表，他们或许会改掉错别字，加上逗号或句号。但是我们不要自欺欺人。当需要追根究底时，小孩都会假装他们已经修改过了！

举例是指导写作的一个重要部分，指导学生如何修改时也是同样。告诉学生他们需要“努力”，却没有提供任何清晰的范例告诉他们如何在写作上进步，作用不大。而提供一张修改检查列表，也并不一定有效果。修改的步骤必须明确、详细又专业，让学生明确知道怎样修改，修改哪里。在你自己的文章上进行示范，会让这个步骤更加容易掌握。在修改之前，重要的是让学生先了解，为何修改是写作过程中重要的一环。

以我的观点，一篇文章应从两个方面来检验：阅读时感觉怎么样，朗读时听上去怎么样。这两方面都是修改时需要着眼的，但在修改过程中应该分开进行。阅读一篇文章的感受是和语言使用规范有关的：拼写、语法、标点符号的书写和书写的整洁度。这也可以称作写作礼仪，或者是对读者的尊重。学生需要了解校对的重要性，做一些这方面的修改会让他们的文章便于阅读，这可以称为修改中的校对部分。

一篇文章朗读起来给人的感觉，是修改上另一个需要考虑的部分。这方面会比较复杂，关键问题在于：听上去是不是足够好了？这里我们面对的挑战是将句子重新组织整理，以便更顺畅，更有意义。重新组织句子比更改一个字或一个逗号需要更多的工夫。孩子不是很愿意做修改，他们觉得第一份草稿完成了就是写作完成了。虽然他们能够忍受再看一遍文章，加加标点符号或是修改书写，但是很少会努力去重新整理句子。

过去老师要我写初稿、第二稿、第三稿和重新誊写文章的记忆简直不堪回首。我写到第四遍的时候，已经失去了所有的兴趣。任何一件好事反复多次，都会让我们的热情消失。但是用一些时间去重新整理写过的文章是写作过程中很重要的一步，需要指导学生有效运用一些特别的方式。用一些指导或是修改检查列表会让这个步骤比较清晰：

- 使用合理编排的检查列表，把修改步骤缩到最简短
- 让学生为每项修改编号（把数字圈起来写在修改处），这样就能快速查出他们有没有根据指导做，而不仅仅是修改书写和标点符号
- 举例！举例！举例！如果希望学生修改作品，就要示范

下面是我为初级和中级程度学生提供的修改检查列表，可以在课堂使用。一份简单列表也没那么吓人，比较容易使用。

这个修改列表适用于中等程度学生。一个词语修改的例子：用“闷热”代替“热”。教师应该多举一些类似的例子。请参见第58页“三球词”。

3，2，1——开始修改！

- 3.拼写或标点符号
- 2.单词修改
- 1.重新组织句子

这个修改列表适用于初级程度学生。

1，2，3，4——开始修改！

- 1.确定拼写和标点符号正确
- 2.修改听上去奇怪的用词
- 3.去除不适合的字词
- 4.增加字词让你写的东西更好

在学校提高写作质量的唯一方法就是为每一个人定期设计写作方案、分享写作成果和庆祝写作质量的提高。

——巴里·雷恩

4. 评估

学生在培养写作技巧的时候，需要进行大量思考。小学低年级的学生，刚刚开始按发音拼写单词，主要发展的不是组织大段文字的能力。或许他们只要写出一个单词的辅音字首就已经足够。但是，我们学校的一年级学生向我证明了他们有能力学习写作技巧，能够理解一个“平路故事”和一个“爬坡故事”的分别。

（请参考第五章《叙述力》）对于一些较熟练的写作者，不能只期待他们将所有单词拼写正确，每段段首空格，书写干净清晰，他们需要能够运用好的写作方法，例如更好的表达和组织方式。

参见第24—27页写作力评估表，一至七年级。

写作必须具体，所以写作评估比评价更为抽象的阅读思考来得更容易。现在的写作评估像本书之前提到过的，早已经脱离了我小时候那种满篇批红的阶段，那时候只注重拼写、语法和结构。感谢那些有用的工具，例如评分标准和写作的六项特征，教师很清楚，写作评估需要更为均衡地对技巧和组织策略、对含义和风格进行评估。许多学校在春秋两季都会进行全校的写作评估。教师也意识到，评估可以促进教学——当看到学生学习的不足，我会负责用有效的指导来填补这些漏洞。写作评估的意义不仅仅是在薄薄的绿色分数簿里填上分数，也是告诉我们接下来需要教些什么。教师评估学生写作时，如果发现学生在写作的某方面苦苦挣扎，那么后面的课时就需要专注于这个方面了。

本书第24—27页评估表评分说明如下：
NY—不及预期
M—符合预期
FM—完全符合预期
EX—超出预期

许多学区也引入了或者打算引入全校范围的写作评估计划。每逢春秋两季，我们会在学区内的每所学校推行。秋季评估目标是帮助建立标杆，指导教师设计一些写作课程来帮助学生。春季评估则能够让教师见到学生在写作上的发展和成长。教师通常在年级会议中集中交流，用地区评分标准作为指导来做写作评估。

每星期课堂上的评估对于我们的教学方向和促进学生的进步也很重要。从第24页开始的评估表不是用来代替任何你们学区之前所遵循的标准，而是用来评估学生每个星期的写作情况。有规律地检查学生可以指引你的教学方向，也可以反馈给学生，让他们知道，哪些地方需要留意。在写作技巧上定期设定目标，可以帮助学生和老师一起进步。

写作力周计划表

日期：____________________

策略：____________________　　学期：1　2　3

周写作重点：____________________

第一课：主题/计划	第二课：写作	第三课：讨论/修改	第四课：分享/发表
示范书：	新的写作技巧：	修改重点： · · ·	学生分享： · · ·
计划页数：	其他技巧：		发表：是/无
笔记：	笔记：	教师与XXX进行讨论： · · ·	笔记：

写作力讨论记录

学生姓名：________________　　日期：__________　　学期：1　2　3

写作重点：________________

老师	学生反应记录：
我们写作（阅读）思考策略的重点是什么？	
我们在使用哪一种写作技巧？ 你能说明一下这种技巧吗？	
我们上次讨论得出你的写作目标是什么，你记得吗？你做了些什么？	
站在前面大声朗读你写的东西。	教师记录：
你能告诉我哪一步会让你觉得最自豪吗？为什么？	
你能告诉我哪一步还需努力吗，为什么？	
我留意到……方面你做得非常好。	例如：圈出1个或2个 ·开头/结尾　　·使用写作技巧 ·组织：把想法都组织在一起 ·细节描写（不是流水账） ·使用较复杂词语 ·逻辑·正确使用标点符号 ·句式有变化 ·表达　　　其他________
这里有些材料也许能让你写得更好……	例如：圈出1个或2个 ·开头/结尾　　·使用写作技巧 ·组织：把想法都组织在一起 ·细节描写（不是流水账） ·使用较复杂词语 ·逻辑·正确使用标点符号 ·句式有变化 ·表达　　　其他________
我们为你的写作制订新计划吧！你觉得什么能帮你写得更好？	记录学生的目标：

写作力评估表

学生姓名:____________________ 日期:________________

一年级写作评估	NY	M	FM	EX
·可以独立想出写作的点子				
·尝试用一个细节支持一个想法				
·尝试新的写作技巧，例如比喻				
·紧扣主题，把类似想法写在一起				
·使用				
·文字之间距离合理，文字容易辨识				

写作目标:____

学生姓名:____________________ 日期:________________

二年级写作评估	NY	M	FM	EX
·能够组织有意义的写作内容，并且可以用来阅读				
·能够使用细节和例子来支持一个想法				
·尝试使用写作技巧，例如重复、比喻等				
·紧扣主题，将类似想法写在一起				
·开始正确使用标点符号				
·根据指导修改标点和错别字				
·展开写作让读者可以★____________				

★例如：建立联结、提问、图像化、推测和综合他们的想法

写作目标:____

学生姓名:______________________　　日期:________________

三年级写作评估	NY	M	FM	EX
· 能够组织流畅和有意义的写作内容				
· 用细节、例子和感觉来支持一个想法				
· 使用写作技巧，例如主题句、比喻等				
· 紧扣主题，用完整句子将类似想法写在一起				
· 尝试使用更多有趣的句子和语言				
· 大部分常用字书写正确				
· 意识到体会熟练阅读者的想法会促进他们的写作				
· 展开写作让读者可以★______________				

★例如：建立联结、提问、图像化、推测和综合他们的想法

写作目标:____

学生姓名:______________________　　日期:________________

四年级写作评估	NY	M	FM	EX
· 能够组织流畅和有意义的写作内容，让读者投入				
· 按照逻辑次序和顺序分段组织想法				
· 用细节、例子和感觉来支持一个想法				
· 使用写作技巧，例如主题句、比喻等				
· 尝试使用更多有趣的句子和语言				
· 能够书写完整、流畅、错误少的句子				
· 开始修改错别字、标点和病句				
· 意识到体会熟练阅读者的想法会促进他们的写作				
· 展开写作让读者可以★______________				

★例如：建立联结、提问、图像化、推测和综合他们的想法

写作目标:____

学生姓名：______________ 日期：______________

五年级写作评估	NY	M	FM	EX
·能够组织流畅和有意义的写作内容，让读者投入				
·使用分段组织想法				
·用细节、例子和感觉来支持一个想法				
·独立使用多样化的写作技巧				
·使用有力的动词和有趣的语言，引入对话				
·能够书写完整、流畅、错误少的句子				
·修改拼写、标点和语法，修改错误以加强想法				
·意识到体会熟练阅读者的想法会促进他们的写作				
·展开写作让读者可以★______________				

★例如：建立联结、提问、图像化、推测和综合他们的想法

写作目标：______________

学生姓名：______________ 日期：______________

六年级写作评估	NY	M	FM	EX
·能够组织流畅和有意义的写作内容，让读者投入				
·利用情节写出故事，包括角色、问题和解决方案				
·用细节、例子和感觉来支持一个想法				
·独立使用多样化的写作技巧，例如比喻、拟人、主题句和感受想象				
·试写长句和更复杂的句式				
·能够书写完整、流畅、错误少的句子				
·更加精细地修改、标点和语法上的错误				
·意识到体会熟练阅读者的想法会促进他们的写作				
·展开写作让读者可以★______________				

★例如：建立联结、提问、图像化、推测和综合他们的想法

写作目标：______________

学生姓名：________________　日期：____________

七年级写作评估	NY	M	FM	EX
·能够很好地组织流畅和有意义的写作内容				
·用故事发展表现角色的成长，有对话。故事有明确的开端，问题的出现和最后的解决方法				
·用细节、例子和感觉来支持一个想法				
·有效使用多样化的写作技巧，例如比喻、拟人、主题句和感觉描述				
·试写长句和更复杂的句式				
·写出完整、流畅、错误少的句子				
·独立并更加精细地修改错别字、标点和语法上的错误				
展开写作让读者可以*__________				

*例如：建立联结、提问、图像化、推测和综合他们的想法

写作目标：______________________________

第二部分 写作的三种力量

我刚开始教书时，喜欢去为教师提供教育资源的书店，那里有许许多多的课程范例，足够我逛一整天的。那些“罐头课程”或写作预备课是我最喜欢的：有的以一个故事作为开始，有的以能够马上吸引学生注意的神秘主题开篇，让他们带着兴趣投入写作。他们开始写作，留给我十五分钟时间喘喘气。虽说学生看上去很兴奋，而且也交出了合格的文章，但这些在写作档案夹中的一篇篇随意而孤立的文章，却让我感觉缺少从宏观角度来思考问题的意识：我为什么要写作？我怎么用自己的想法来激发别人的想法？怎么利用自己的经验来作为写作的灵感来源？我用哪种写作技巧来抓住读者的心？

入行差不多二十年后，我依旧不停地问自己：这门课程的目的是什么？在学生整个的学习体系中，这门课应起到什么作用？在教授学生之前，我需要他们知道自己为何而学，知道这门课在他们整个的学习体系中会起到什么作用。教授写作的过程也不例外。我不再单单教授学生写作课，而是让每一堂课程都成为孩子整体学习的一部分。所以，非常重要的一点是，在开始一个教授特别策略的写作课程前，教师应该预先引入一些宏观问题：写作的意图、写作的资源、写作的种类、写作的工具等。这些问题可以帮助学生了解一个优秀的写作者是怎样的，这样，之后的写作课才更加有意义。因为，写作课已成为整体学习的一部分。

第三章 启发读者思考

元认知，也叫“关于思考的认知”，是指导理解的基石。教导学生认知他们的思考，并且用语言来清楚表达其想法，是阅读力的基础。那么我们怎么利用思考的认知来帮助我们成为出色的写作者呢？对一个写作者来说，你需要建立一种对读者认知反映的认识，让他们投入你写的文字之中，这是写作力的基石。帮助写作者认知他们读者的想法时，我们创造了一个新的层面、意图和写作深度。我们不但加强了学生的写作能力，而且加强了他们对阅读者和写作者之间关系的理解。

在发展元认知这个概念的时候，我遇到的问题是怎么找到一个词来表达“我对读者想法的认知”(与“我自己想法的认知”相反的词)。单词“metacognition”是“自己的想法”的意思：meta来源于希腊词根“自我”，cognition是“理解和思考”的意思。但是，从来没有一个词的意思是“知道他人的想法”。我问了一些人，包括朋友和同事，但没找到答案。我试着在成百上千的网站中搜索，也失败了。是由于要写这本书，我只好使用自己发明的词了。

在希腊语中，alos是“他人”的词根，而cognition是“理解和思考”的意思，合并后的“aloscognition”应该是个不错的新词。我思索良久，默念这个单词几个小时，最后，我放弃了中间的“s”，决定使用

“alocognition”这个词——他者认知，也就是“认知他人的想法”。

请不要搞混“他者认知”和“心灵感应”。“心灵感应”是有能力知道某人的想法，而“他者认知”是认知到他人在进行思考。

那些已经在阅读指导中使用“他者认知”概念的老师，事实上，已经为写作力的诞生奠定了基础：更加有效地教授写作的方法是引入读者的思考。写作力中的语言和策略跟阅读力一样，但是我们这次是从不同的角度来观察——从写作者的角度，而非读者。所以，犹如一枚抛向空中的硬币，瞬间从一面翻到另一面，从读者的角度转变为写作者的角度。

阅读力的基石	写作力的基石
元认知：认知自己的想法	**他者认知**：认知他人的想法
好的阅读者在阅读时，意识到自己的想法，他们知道，为了找出读物的意义所在，可以建立联结、提问、图像化、推测，或是直接改变想法。	好的写作者意识到读者阅读过程中的思考。作为一名好的写作者，我们要把读者引入到作品中，邀请他们建立联结、提问、图像化、推测，或是直接改变想法。

课程：我们为什么写作？

乔治·里昂所写的《书》向读者提问，邀请他们进入文本：“读者们，看看你刚刚打开的书……你手里拿的究竟是什么？”这书已经不再出版了，但如果你能在图书馆里找到，将会让写作课增色不少。

正如我鼓励那些在课堂上使用“阅读力”的教师在课程开头，给学生介绍诸如“读者作为思考者”和“元认知”这样的概念，我也会鼓励教师们在课堂引入“写作力”时介绍“他者认知”。我希望学生能够明白“他者认知”的概念，从而更加明确他们为何写作，以及发现读者是如何在阅读过程中进行思考的。

· 课程开始：

今年，我们会在课上进行许多写作训练，今天我想先花些时间讲讲写作者。

· 问学生："写作者为何写作？"（你可能会得到很多答案！）你可以向学生解释，有些人写日记或随笔，这算一种私人写作。但是，更常见的情况是，写作者写作的目的是将想法和别人分享。

写作是为了将你的一部分"送"给"他人"——"他人"就是任何阅读你作品的人。对我这样的读者来说，书就是作者送给我的礼物。当我打开一本书，感觉就像打开一份礼物——而我并不知道这份礼物是什么。有时候，写得非常好的书，对于我来说，就好像一份世间最珍贵的礼物，我甚至想对作者说声"谢谢"，谢谢他送给我他的文字和思想。

"送给我"这个词，出于赛蒙将军小学时的出色老师卡莉·格里森。当她的某个学生写了优秀或特别的文章，她会说："XXX（学生名字）送给我他写的作品。"

现在我再来讲讲读者。读者对作者来讲非常重要。作者需要读者，为什么呢？（因为没有读者，就没人会来看你写的东西。）好的读者读书时会做些什么呢？

（那些熟悉"阅读力"的学生，在这里可以回顾一下"阅读力"里的策略。）

读到有趣的部分，我会笑；读到悲伤的部分，我会悲伤，或是哭泣；有时候，我也会感觉到书中悬念迭起。当我读书的时候，我或许会开始进入书中，进行图像化、提问、推测。也许，我会从一个新的角度去思考一件事。我读故我思！写作充满力量，因为它会邀请读者来思考。好的作者会让他们的读者思考：他们的写作可以让读者思考、感受、欢笑、痛哭，开始建立联结、图像化、提问、推测，或是直接改变想法。从现在开始，当我们写作时，我们将不再只是思考写什么，怎么写，而是思考我们为何而写。我们会考虑读者，确保我们的作品能够邀请他们来思考。

· 念一下谢尔·希尔弗斯坦的《邀请》。

· 和学生一起讨论这个《邀请》从谁那里来，邀请谁。讨论"请进来！请进来！"的意思。

邀请

如果你是梦想家，请进来。

如果你是梦想家、许愿者、说谎者、希望者、祈祷者、买魔豆的人……

如果你会假扮，过来和我一起坐在火炉边，因为我们要纺出亚麻金色的故事。

请进来！

请进来！

——谢尔·希尔弗斯坦

· 展示一张晚会邀请卡，问学生是什么，他们或许哪天也会得到一张。

· 像谢尔·希尔弗斯坦一样，解释一下你也将邀请读者参与思考，向他们发出“思考的邀请”。“思考的邀请”就是让读者在阅读作品的时候进行思考。学生可以折一张空白纸来制作一张邀请卡，也可以抄写黑板上写好的内容，或是自己写一张。

自制邀请卡

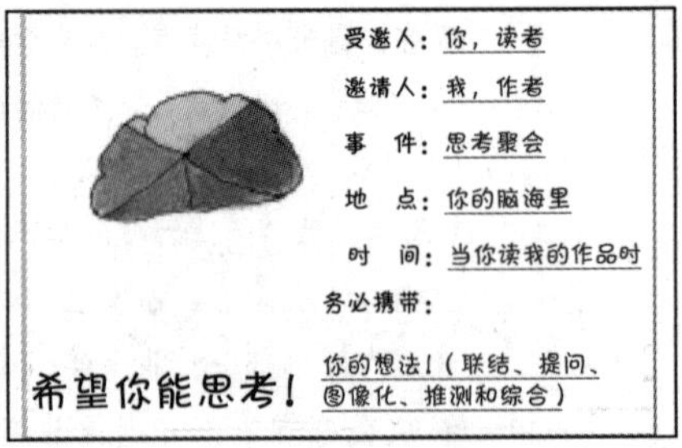

第四章　思考力：创意思考是写作的源泉

寻找写作题材非常具有挑战性。这么多年以来，帮助学生寻找题材的建议层出不穷。要在一张白纸或一片空白的屏幕上开始写作，对谁都是一件难事。我们使用“写作工作坊”来鼓励年幼的写作者利用他们的自身经验，透过“写作者的镜片”来观察周边的世界，在他们的写作笔记簿里记录下特别的时刻、特殊的记忆，这些在接下来的写作中都可以拿来使用。随笔记录也是一种受欢迎的方法，它能鼓励学生写下自己的个人经历。但是，很多时候这都成了“从起床到睡觉”式的流水账——“我起床，我做了A，我做了B，我又做了C，然后我上床睡觉了。”记录每天做过的事情反而成了一件令人疲惫的事，读上去也令人感觉沉闷。虽说我们使用“记录自身经历”这样的术语，但对一个七岁大的孩子，这意味着什么呢？“脑库”（brain pockets）提供了一个视觉概念，让学生可以看到从我们的经验里怎样汲取写作题材。

“脑库”——大脑仓库，这个概念首先出现在我的一篇关于阅读理解的作品中。在我的班上有个很特别的孩子，他向大家示范了一种这个世界上与众不同的存在，虽说我自己非常理解这种“与众不同”，但在课堂上，他这样的行为却很容易令大家分心。他举手的时候，我都避免和他的眼神直接接触。从过往的经验，我确信从他嘴里说出来的话会惹得全班哄堂大笑，还会招来一些人的白眼。等到大家笑到肚子痛的时候，谁都无法集中注意力继续上课了。

有一堂讨论课的中心是关于推测。学生们看着一张报纸上的照片，利用线索推测将会发生什么事。这位特别的学生举起手来，我勉为其难地请他分享他的推测："我认为是外星人在海湾降落，他们要把所有的奶奶都从地球吸走，带去大便星球。"你可以想象，其他学生听了之后是什么反应。

就在一瞬间，我灵光乍现，走到黑板前画了一个大脑袋。我把脑袋分成三个部分，然后用一种略微夸张的声音说道：

> 我们的大脑很强大，它控制着我们的身体，装载着我们的思想。一个大脑可以分成三个部分，像仓库一样装载思想，我们把这些仓库统称为"脑库"。第一个是我们的记忆仓库，里面装着记忆、经验和与这些经验有关的感觉。第二个是事实仓库，里面装着事实和信息。第三个是我们的想象仓库，里面装满了想象力和创造性的想法。以上几种"脑库"帮助我们阅读和思考。我们利用记忆、事实和想象来理解所阅读的东西，而由我们阅读或是思考的东西来决定我们选择哪个脑库。举例来说，如果我在读一本关于友谊的书，我或许会去记忆仓库，因为我和自己的朋友有类似的经历。假如我们念的是一本介绍火山的书，我会去事实仓库，寻找我已经知道的关于火山的讯息。

然后我告诉那个学生，他花太多时间在想象仓库了，有时候他也得去别的脑库看看。过了一些天，在默读的时候，那个学生来到我的桌前，说："吉尔老师，我一直在思考你之前告诉我们的关于脑库的事，你知道我的想象仓库吗？"

"是的。"我回答。

"嗯……其实我一直住在里面。"

认识和描述不同想法，可以帮助许多学生了解到他思考的源头。虽说不能完全阻止他们走错脑库，但可以帮助学生认识到其中的区别。即便发现一个学生走错了脑库，我也不会再感到困惑，因为我能够指引他去另外的“脑库”。

认识脑库是开展和深化理解的源泉，是支援和指引学生在阅读时加入自己想法的基础。就写作来讲，我认识到脑库能成为讨论一种特殊认知的重要方法，这种认知就是：写作者的写作题材来自他们自己经验的积累。

温哥华克罗夫登小学的六年级老师带领学生运用大脑仓库进行视觉旅行。他们设计了自己个人的大脑仓库，让每一个大脑仓库装进他们的记忆、事实和想象。

课程：介绍大脑仓库

· 课程开始：

找到读者感兴趣的题材，这是写作者必须要注意的一个重要事项。今天我们将谈谈写作者是从哪里找到写什么的点子的。

· 问学生写作者从哪里得到点子（从他们知道的事，他们的经验及想象）。

这些点子都存在于写作者的头脑之中。我们的大脑是个了不起的器官，因为它不但能够控制我们的身体，还是我们想法的一个巨大储藏室。大脑有三个地方来储存想法：记忆仓库、事实仓库、想象仓库。

（速写一张由三部分组成的大脑示意图。）

阅读的时候，我们用这些大脑仓库来帮助理解所读的东西。写作的时候，我们用这些大脑仓库来帮助寻找写作题材。今天，我们要来设计自己个人的大脑仓库，把每个大脑仓库都填满个人的记忆、事实和想象。

· 在黑板上画出脑库的图表，把想法装入不同的脑库。

教师示范

记忆仓库（人物、地点、事件、宠物）	事实仓库（我知道很多的事情）	想象仓库（我想象的东西）
·斯班塞和欧立伟 ·我妹妹、妈妈和爸爸 ·我的猫 ·圣诞节、万圣节 ·缅因岛的暑假 ·万宁公园的健步行走 ·我第一次剪坏头发	·阅读 ·儿童书 ·曲棍球 ·花 ·烤点心 ·诗歌 ·天气 ·冬季奥运会	·睡在云朵上 ·能飞行 ·能隐形 ·能与动物交谈 ·一支会说话的荧光笔

·画一个空白的脑库图，复印之后发给学生。学生可以在上面写写画画。

一个三年级学生例子。

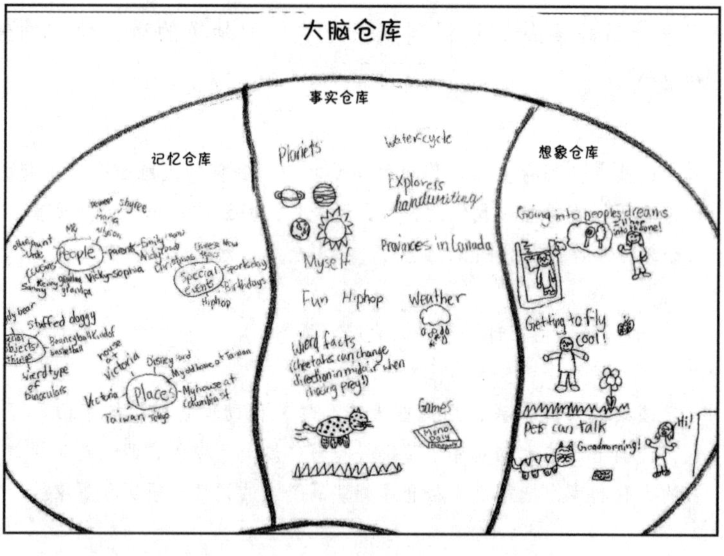

·课程结束：

阅读和写作时运用大脑仓库能给我们带来很大的帮助。阅读时，我们能在大脑仓库中找到能帮我们更好地理解文章的东西；写作时，我们能够运用大脑仓库中的东西找到好点子。每天我们都应该往大脑仓库中添加新的内容。

第五章　叙述力：两种故事结构

在学校，说明文或者非虚构类作品是写作的一个重要方面，但本书会集中讲解虚构类作品的写作：有关个人经验、故事或诗歌。

> 就像“阅读力”是集中帮助学生阅读和理解虚构类作品，这本“写作力”我想要集中指导学生如何写虚构类作品。如果你猜到这本书之后会有一本指导写非虚构类作品的书，或许没猜错！

我们都熟悉各式各样的虚构类文学，例如有关个人经历的作品、故事，还有诗歌。但是，这些类型作品的写作指导让我觉得有些含混不清。直到几年前，我还停留在固有的印象中，即虚构类作品结构只有一种——故事。孩子们从很小的时候就会接触到虚构类作品的特别元素，包括人物，场景；开始，中间，结局；问题，解决。童话就是这种文本结构的经典例子，常用来帮助学生学习辨认故事中的各种元素，虽说这种作品形式学生经常阅读，已经相对熟悉，但要掌握这类作品的写作却极富挑战性。有效地组合所有的特殊元素构成一个故事，就算是对最具天分的写作者而言都是挑战。我有时会觉得困惑，为什么花那么多时间教孩子写故事。

一、故事结构

我永远都会感谢苏珊·布拉孔，一位在温哥华克罗夫登小学备受尊敬的教师。她提出，虚构类作品应由两种结构构成，而不是一种。我在我混乱忙碌的“大脑仓库”中，把这个想法反反复复考虑了一年后，意识到她的建议完全正确。事实上，真的有两种区别明显的虚构类作品结构：一是上述大家都熟知的结构；二是另一种更具线性特征的结构。线性结构是指在写作中不集中于某个主人公、场景，或特殊问题和解决方式，而是围绕一个主题展开，其中包括描写，一些重复使用的句子或词语。在线性结构作品中，想法和点子是大家可以共享的。非虚构类文章也能被概括到这种线性结构之中，比如一篇关于动物或国家的描述性报告，或有关怎样播下一粒种子的说明文。

学生写作虽然可以套用这两种结构，但其实这两者是非常不同的写作形式，所以我认为应该向学生一一介绍。为了解释更加便利，不管是对我还是对学生（我总是这么尝试），我把这两种结构分别描述成“平路故事”和“爬坡故事”。

- “平路故事”，沿着一条线发展，通常围绕一个主题或题目，包括描写和举例。这是非虚构类文章的常见结构，也是很多绘本的结构。
- “爬坡故事”，由一个人物或场景开始，发展一小段时间后，一些事情发生了。当问题出现的时候，故事开始向上坡发展，当到达山顶，你得找到一条下坡的路，也就是作者找到了解决问题的方法，于是故事由此下坡，回到一开始出发的地方。这个上坡和下坡就是一个说明情节线索的简单方式。

参见第41—43页介绍这些文章结构的课程。

本书还会另外介绍的一种特殊的结构，就是诗歌的结构。诗歌当然有单独一套标准，包括短句、节奏、押韵和重复。本书介绍的许多写作方法，对虚构类作品和诗歌同样重要。

在学年的一开始，把这些结构介绍给学生，会让他们在学习如何提高写作能力时更加清晰明了。

结构

平路故事	爬坡故事	诗歌
开始__，__，__，__，结束	开始__，之后却__，结束	
· 基于一个主题或题材 · 包括细节、描述和例子 · 没“发生”什么特别的事 · 通常没有主角、开头、中间、结尾、问题或解决方式 · 通常包括重复出现的词语或由一条主线贯穿	· 基于一个主角和这个主角发生的事 · 通常有一个特定的场景 · 有清楚的开头、中间和结尾 · 包括一个特定的问题和解决方法 · 跟随一条情节线	· 基于一个主题或题材 · 包括细节、描述和例子 · 短句组成 · 有时候押韵 · 可以重复 · 用新的方式讲旧的主题

以下是结构的一些例子。许多平路故事的例子是绘本作品，我经常用来给中级程度的学生示范或是介绍某一种写作方式。①

P＝学前班至三年级（初级）
I=四至七年级①（中级）

① 作者此处对于年级的划分是加拿大温哥华学区的情况，据作者介绍，该学区的小学（Elementary School）包括学前班到七年级，高中（High School）则是从八年级到十二年级。书中 P=primary，对应小学学前班至三年级，即本书所指的初级写作者，而 I=intermediate，对应小学四年级至七年级，即本书所指的中级写作者。——译者注

参考书目：

平路故事

Anthony Browne, *My Dad*（P）
安东尼·布朗 《我爸爸》
Jamie Lee Curtis, *When I Was Little*（P）
吉米·李·柯蒂斯 《我小时候》
Jenny Offill, 17 *Things I'm Not Allowed to Do Anymore*（P）
洁尼·奥菲尔 《我不再被允许做的17件事》
Amy Krouse Rosenthal, *The OK Book*（P）
艾米·克劳斯·罗森塔 《OK书》
Cynthia Rylant, *Snow*（I）
辛西娅·赖兰特 《雪》
Cynthia Rylant, *When I Was Young in the Mountains*（I）
辛西娅·赖兰特 《山中旧事》
David Shannon, *No, David*（P, I）
大卫·香农 《大卫，不可以！》
Judith Viorst, Alexander and the Terrible, *Horrible, No Good, Very Bad Day*（P, I）
朱迪思·维奥斯特 《亚历山大和倒霉、烦人、一点都不好、糟糕透顶的一天》

爬坡故事

Little Red Riding Hood (any version)（P, I）
《小红帽》（任何一个版本）
Eve Bunting, *Fly Away Home*（P, I）
伊芙·邦廷 《我想有个家》
Sherry Garland, *The Lotus Seed*（I）
雪莉·加兰德 《莲子》
Kevin Henkes, *Lily's Purple Plastic Purse*（P, I）
凯文·亨克斯 《莉莉的紫色小包》
Ann McGovern, *The Lady in the Box*（I）
安·麦克格温 《住在盒子里的女士》
Robert Munsch, *The Paper Bag Princess*（P, I）
罗伯特·蒙施慕 《纸袋公主》
Chris Raschka, *Yo! Yes!*（I）
克里斯·拉西卡 《哟！哦？》
Cynthia Rylant, *Poppleton* (chapter 1: Neighbors)（P）
辛西娅·赖兰特 《波波猪》（第一章：邻居）

诗歌作品

Elise Paschen (ed), *Poetry Speaks to Children* (book and CD)
伊利斯·帕森（编）《给儿童的诗》（书及光盘）
Jack Prelutsky and Arnold Lobel (eds), *Random House Book of Poetry*
杰克·佩露斯基、阿诺·洛贝尔 《兰登书屋诗选》
Jack Prelutsky and Meilo So (eds), *The 20th Century Children's Poetry Treasury*
杰克·佩露斯基、麦罗·苏 《20世纪童诗臻选》
Mary Michaels White, et al (eds), *Sing a Song of Popcorn*
玛丽·迈克尔斯·怀特 《唱一首爆米花之歌》

二、自制漫画故事书练习

刚刚开始写作的人需要将他们的思想组织好，并且知道以上叙述结构。对初级写作者来说，使用空白的故事漫画被证明是一种行之有效的方法，可以用来帮助学生发展他们讲述故事的能力，并区分平路故事和爬坡故事的写作形式。

爬坡故事漫画的故事分段图表（参见第45页）用来让刚刚起步的学生了解故事的基本元素——角色、场景、问题和解决方式，还有情节线。平路故事漫画（参见第44页）的故事分段图表用来让学生写描述性的文章：每一个格子包含一个不同方面的描写，或是一段信息，但是并没有什么特别问题的产生。

在第44页上，第一个平路故事可以画四张图，而第二个平路故事只画一张大图。教师根据主题来决定用哪一张图。一篇关于秋天的文章可能包括季节的四个方面——天气、节日庆祝、在这个季节我喜欢做的事，以及秋天的气味——正好用到四张图。一篇关于我的龙的文章，或许只需要一张图。

第一课：介绍平路故事和爬坡故事

· 课程开始：

虽然我们念的每一个故事都不同，但故事通常都沿着一条道路发展。我们把这

> 用与故事漫画类似的方法制作一本书，这是由教育顾问和作家迈特·格洛夫发明的。克罗夫登小学一年级的优拉丝老师在她的“写作工作坊”中使用这个方法。她交给学生一本空白的小书，而不是一张白纸，让他们写故事。每一个新故事用一本新书，就像一个真正的作者把一本真正的书给一位真正的读者一样。

> 平路故事的故事漫画可以用于非虚构类写作。在塞斯密斯小学，温蒂·哈格雷老师的一年级学生去参观水族馆后，用故事漫画写作。每一个空格用来描述一件学生做的事情，比如看见的、学到的或喜欢的事情。

> 故事漫画可以帮助年龄大的学生来计划和组织他们写作的点子。每一个格子代表一段文章，可以用细节和举例来扩充内容。

条道路叫作故事的结构。有一些故事是沿着一条平坦的道路发展的。

（在黑板上画一条水平线。）

我们把这个称为“平路故事”。通常这些故事是在描述一个人物、一个地点或一个事件。写作者会围绕题目补充很多细节，还需要用一条主线或者重复的词语让故事平稳发展。

另外一类故事称为“爬坡故事”，这些故事由一段平路开始，发展一段时间后，突然之间，一些事情发生了！

（画一条水平线，然后将线先向上再向下画，变成一个山坡形状。）

写作者用这整条线开始的平直部分来给我们介绍一个角色，然后发生了一些事，故事开始爬坡。你或许会留意到故事爬坡的开始，作者会写“一天……”“突然……”。当然，作者不能让读者停在山顶上不知所措。作者得解释问题如何解决，将读者再一次带回地面的平路上。当道路回到平路的时候，这个故事便结束了。当你写一个爬坡故事的时候，你必须沿着这样一条路走：走——走——爬坡——爬坡——下坡。

· 平路故事的例子：

教师示范

平路故事：雪

雪，亮晶晶，冷冰冰。雪静静飘落，给我的后院盖上一层白色的毯子。雪，让鸟儿有机会留下脚印。雪，是冬天的魔法。

解释：这是一篇平路故事，因为作者只讲了一件事——雪，并且加上很多细节的描述，但实际上并没发生什么事情，所以我们一直在一条水平线上。

· 爬坡故事的例子：

爬坡故事：乔治猴迷路了

教师示范

乔治猴和妈妈、弟弟一起住在丛林里。
乔治猴喜欢用尾巴从一棵树荡去另一棵树；
从他弟弟的毛上捉走虱子。

解释：这是一篇故事的平述部分，用一些细节和例子来介绍人物。

有一天，乔治猴在丛林里迷路了。他到处寻找妈妈和弟弟，可哪儿都找不到。

乔治猴爬到一棵树上，哭了起来。

我们不能在这里结束故事，因为读者会发疯，他们会问："乔治猴之后发生什么了？"所以我们得解决问题，结束故事。

突然，他看到妈妈和弟弟在树底下。
乔治猴爬下树，给了妈妈一个大大的拥抱。
（故事结束）

- 给学生解释清楚，留给他们一些时间练习写平路故事和爬坡故事，将阅读和写作联系起来。

（我们阅读时，也会留意到这两种类型的故事。）

第二课：介绍诗歌

- 为了引入诗歌，讨论故事和诗歌的不同之处，需要将一首短诗展示在电子黑板、白板或互动白板上。
- 要求学生念一遍，然后和一位伙伴讨论一下，这是平路故事还是爬坡故事。（两者皆不是，因为这是一首诗。）
- 解释给学生听，诗歌有时候可以说故事，有时候则描绘一样东西。
- 问学生：

什么是诗歌？你怎么区分故事或诗歌？（看上去有不同：短小的句子，更多空白；听上去有不同：有韵律，有时候重复，有时候押韵。）

- 解释了平路故事和爬坡故事，学生也需要学写诗歌。

平路故事漫画

姓名:______________________________

故事题目:______________________________

姓名:______________________________

故事题目:______________________________

爬坡故事漫画

姓名：________________

故事题目：________________

第六章　技术力：写作的技巧

本书会介绍一些写作技巧。这些技巧是用来支援和加强学生写作的。技巧可在较短课程中介绍，然后让学生在特别的写作课上加以练习和运用，这样，学生就可以对其慢慢熟悉。此做法的目的是，让学生能够自主运用写作技巧。教师可以在教室制作一张写作技巧的列表，介绍一些新的技巧，往列表上不断添加内容，学生则可以用该表来做参考。

这是本章将会涉及的技巧列表：

- 添加细节
- 比喻
- 重复句
- 六种感觉
- 情感表达
- 语言和复杂语言
- 使用第三人称写作
- 拟人化
- 第一印象
- 对话

下表所列的是关于如何成为作家或是有关写作的书籍，能够提高你的写作技巧，丰富知识，提升能力。

一、课程：介绍写作技巧

参考书目：

Mary Jane Auch, *The Plot Chickens*（I）
玛丽·简·奥赫 《情节鸡》
Kate Banks, *Max's Words*（P, I）
凯特·班克斯 《马克斯的词汇字》
Eileen Christelow, *What Do Authors Do?*（P）
依琳·克里特罗 《作者都做些什么？》
Kate Duke, *Aunt Isabel Tells A Good One*（P, I）
凯特·杜克 《伊莎贝尔阿姨讲个好故事》
Mordecai Gernstein, *A BOOK*（I）
末笛凯·根斯坦《一本书》
Esther Hershenhorn, *S is for Story: A Writer's Alphabet*（P, I）
爱思特·赫深浩 《S代表故事：作家的字母书》
Barbara Kanninen, *A Story With Pictures*（P）
芭芭拉·卡列宁 《有图画的故事》
Helen Lester, *Author: A True Story*（P, I）
海伦·莱斯特 《作家：一个真实的故事》
Gail Carson Levine, *Writing Magic: Creating Stories That Fly*（I）
加尔·卡尔森·莱文 《写作魔法：创作能够飞翔的故事》
Nancy Loewen, *The Writer's Toolbox*（I）
南希·罗文 《作家的工具箱》
Patricia McLaughlin, *Word After Word After Word*（P, I）
派翠西亚·麦克拉克伦 《一个字，一个字，又一个字》
Joan Lowery Nixon, *If You Were a Writer*（I）
琼·娄尔瑞·尼克森 《假如你是作家》
Josephine Nobisso, *Show, Don't Tell: The Secrets of Writing*（I）
约瑟芬·诺比索 《呈现，而不告知：写作的秘密》
Kevin O'Malley, *Once Upon a Motorcycle Dude*（I）
凯文·奥马利 《从前有个骑摩托车的家伙》
Kevin O'Malley, *Once Upon a Royal Superbaby*（I）
凯文·奥马利 《从前有个皇家超级婴儿》
Roni Schotter, *The Boy Who Loved*

Words(P, I)
罗尼·肖特尔 《喜爱词汇的男孩》
Roni Schotter, *Nothing Ever Happens on 90th Street*(P)
罗尼·肖特尔 《第90街无事发生》
Eileen Spinelli, *The Best Story*(P, I)
依琳·斯宾内利 《最好的故事》
Mélanie Watt, *Chester's Masterpiece*(P)
梅拉尼·瓦特 《切斯特的杰作》

在开始任何特别的技巧课之前，先来介绍一些写作技巧的概念给学生。

· 课程开始：

> 一位曲棍球运动员想打冰球或芭蕾舞舞者学习跳舞，他们不会直接绑上冰鞋或芭蕾舞鞋就开始。要成为好的冰球手、舞者或任何一种运动的职业选手，你必须学会技巧，然后再不断练习。写者也不例外。作者不是拿起笔来就写的，他们得学习技巧和手段，并且加以运用。

· 大家想一想冰球手需要学习哪些技巧——溜冰、射球、使用球棒、传球。大家想一想芭蕾舞者需要的技巧——脚的位置、手的位置、基本姿势、踮脚。
· 问问学生，作者需要哪些技巧。
· 解释你将会教的技巧，告诉他们会有很多练习的机会。这些技巧能够帮助他们成为更出色、更熟练的写作者。

二、课程：添加细节

我们很多教师都见过学生机械式的写作。写了许多年生活随笔之后，学生就会简单地列出他们每一天的“流水账”：我醒来……我做了A……我做了B……我又做了C……我上床睡觉了。指导学生写一个事实，再加上细节描述，能让他们避开机械式写作。

· 课程开始：

作者有个重要任务，就是让读者对作者想说的东西感兴趣。作者想让读者继续读下去——不是只念了几个句子就开始打哈欠，然后把书丢在一边。作为写作者，我们需要保证读者有一直看下去的兴趣，所以我们要做到所写的东西必须有趣，不会让人觉得无聊。

· 在黑板上写下例子，讨论案例之间的不同：

例1：
我喜欢雪。（评论：很多人会这么说。）

我喜欢雪，一下雪我就在厨房里跳“雪之舞”！（在事实陈述之后加上细节，阅读起来会很有意思。）

例2：
我是一名足球运动员。我是一名学生。我有个弟弟。（这是机械式写作，因为你好像在念一份单子。）

我是一名足球运动员，我在西岸渡鸦队踢球。今年我们会得到冠军杯！（在事实陈述之后加上例子或细节，让写作更加生动。）

· 读出以下例子并比较不同：

例1：
我的名字叫拉桑德拉，我十一岁，我有红褐色的头发，我有白白的皮肤和雀斑，我有蓝绿色的眼睛。我喜欢游泳。我很害怕鲨鱼。

例2：
我的名字叫拉桑德拉，我十一岁。我的头发是肉桂烤面包的颜色（不包括焦皮）。我有白白的皮肤，除了有些地方长着好像熟透了的香蕉那样的斑点。我的眼睛像夏天的山脉（就是蓝色里面带些绿，如果你想知道的话）。我喜欢在任何地方游泳，除了大海，因为我害怕鲨鱼会咬掉我的腿。我妈妈说鲨鱼只在非常温暖的海水里游泳，但是我不信她的话。

· 两两一组，让学生讨论哪段文章他们认为有趣，为什么。向他们解释清楚，例1更像是列单子或是机械式写作。

例1无趣，因为没有有趣的细节在里面——只是一份单子。例2读起来有趣得多，因为虽然写作者说了相同的事情，但是她加入了大量的个人细节、带情感色彩的词和比喻句，这些都是写作技巧。

好的写作者不会只写“单子”——每一个所写的事实，他们都会加入细节或例子，这样他们的读者就会觉得分享了写作者个人生活的一部分，而不只是一张关于事实的列表。

这是一个二年级学生的机械式写作。

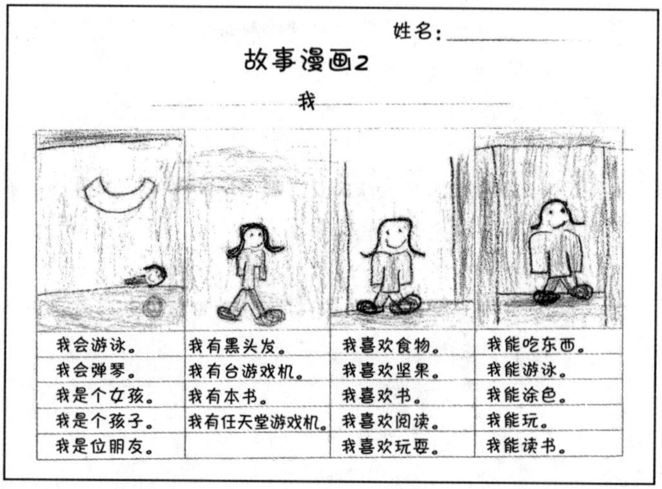
姓名：

故事漫画2

我

我会游泳。	我有黑头发。	我喜欢食物。	我能吃东西。
我会弹琴。	我有台游戏机。	我喜欢坚果。	我能游泳。
我是个女孩。	我有本书。	我喜欢书。	我能涂色。
我是个孩子。	我有任天堂游戏机。	我喜欢阅读。	我能玩。
我是位朋友。		我喜欢玩耍。	我能读书。

三、课程：比喻

参考书目：

Anthony Browne, *My Dad*（P）
安东尼·布朗 《我爸爸》
Anthony Browne, *My Mum*（P）
安东尼·布朗 《我妈妈》

Loreen Leedy, *Crazy Like a Fox: A Simile Story*（P, I）
罗莉·里德 《疯得像头狐狸：关于比喻》

Hanoch Piven, *My Dog is as Smelly As Dirty Socks*（P, I）
哈诺赫·皮文 《我的狗闻上去就像臭袜子》
Hanoch Piven, *My Best Friend Is As Sharp as a Pencil*（P, I）
哈诺赫·皮文 《我最好的朋友像铅笔一样犀利》
Patricia McLaughlin, *Night Noises*（P, I）
派翠西亚·麦克拉克伦 《夜晚的声响》
Patricia McLaughlin, *All the Places to Love*（P, I）
派翠西亚·麦克拉克伦 《心之所系》
Cynthia Rylant, *Snow*（P, I）
辛西娅·赖兰特 《雪》
Audrey Wood, *Quick as a Cricket*（P）
奥德雷·伍德 《和蟋蟀那么快》
Jane Yolen, *Owl Moon*（I）
珍·尤伦 《月下看猫头鹰》

· 课程开始，在黑板上写下一些比喻句的例子：

教师示范

他像老鼠那么安静地偷偷进入房间。
云朵像棉花糖那么蓬松柔软。
他像头凶猛的熊那么暴怒。
雪花像成百万颗小钻石闪闪发亮。
她的皮肤犹如天鹅绒般柔软。

问学生这些句子有什么相似之处。

· 告诉学生，他们将会学习一种作者经常使用的技巧。

这种技巧叫作比喻，描写的方法是比较两种并不相同的事物。比喻句把这两种事物用“好像”或“犹如”来联结。比喻句能让读者建立联系，或是图像化。

有些比喻句非常常用，甚至可以说是被用滥了。
像猫头鹰那么有智慧。
像蜜蜂那么忙碌。
犹如冰一般冷。

鼓励学生写些原创的，给人带来惊喜的比喻句。

· 派发“比喻句你来写！”写作构思纸。（参见第65页）解释给学生

> 当学生熟悉这种技巧之后，邀请他们在你大声朗读时好好听哪些是比喻句。初级学生可以在听到比喻句时竖起拇指。

听，让他们自己写一些比喻句。写作构思纸上有两个空缺，一个填写普通的比喻句，一个填写原创的、给人带来惊喜的比喻句。

- 提醒学生，当写比喻句时，那两件东西虽然不同，但也有共同的地方。和学生讨论为何下面所列的比喻句不对。（因为形容词或描述词和名词不匹配。）

像火山那么脆。
像蜘蛛那么傻。
像蘑菇那么友好。
像花生酱那么疯狂。

这些比喻句是四年级学生做的表格，还有三年级学生写的句子。

姓名：________

比喻句你来写！

像xx那么冷	冰	一根在冰箱里冰了一年的冰棒
像xx那么热	太阳	地球的燃烧的中心
像xx那么勇敢	橄榄球运动员	像屠龙的骑士那么勇敢
像xx那么慢	蛞蝓	像我妹妹在早上
像xx快	运动员	干草燃烧
像xx那么安静	老鼠	没有声音的电视机
像xx那么发怒	狮子	开战前的希特勒
像xx那么好笑	马戏团训练员	美国笑笑小电影
像xx那么惹人厌	咚咚咚的重复声	我妹妹哭闹

我像花朵那么美。

我像玻璃那么干净。

我像音乐家那么有天分。

我像蝴蝶那么好。

我像猎豹那么快。

像天那么蓝

像太阳那么明亮

四、课程：重复句

参考书目：

Anthony Browne, *My Dad*（P）
安东尼·布朗 《我爸爸》
Anthony Browne, *My Mum*（P）
安东尼·布朗 《我妈妈》
Judith Viorst, Alexander and the Terrible, Horrible, *No Good, Very Bad Day*（P, I）
朱迪思·维奥斯特《亚历山大和倒霉、烦人、一点都不好、糟糕透顶的一天》

·在黑板上画一个锚，问学生：

这是什么？（一个锚。）
用来做什么？（让船只不会漂走；固定船只。）

在第42页有更多平路故事。

告诉学生，有时候作者也需要用锚来固定好故事。一个重复句，就是一句话或一个词语在文章中不断重复出现。重复句经常出现在平路故事中。

重复句用来将故事的细节和题目联系起来。

·读几本书，让学生听出重复句。告诉学生他们将在接下来的许多写作课中学习如何使用重复句。

五、课程：六种感觉

·课程开始：

好的写作者都知道，写作不仅仅是邀请读者来看，也是邀请读者在阅读时，运用他们所有的感官来体验。我们写作时，运用所有的感官可以带领读者进入故事中，让他们感受作品的生动。

- 六种感觉：视觉、听觉、味觉、嗅觉、触觉和内心感受（情绪）。把“味觉”写在黑板上，然后举一些描述味觉的例子：酸、甜、美味、苦、难吃、刺激、好吃、粒状、放久了、新鲜、有嚼劲、滑滑的、软软的、脆脆的、流口水的、糖浆般的、辣的等等。让学生一起想类似的词语。
- 把学生分成六组，给每组一张练习纸。（上课前，把六种感觉分别印在六张纸上，可以配上插图。）告诉他们有一分钟时间让他们讨论，并且尽可能多地写下描绘纸上所写的感觉的词语。
- 时间到了之后，将练习纸顺时针传给下一组。拿到新的练习纸（新的感觉）之后，全组先把纸上写的词语念一遍，然后往上添加新的词语。轮流书写，直到每一组都写完所有的感觉。单子越长，这个任务就越具挑战性，所以每一次轮替也需要更久的时间。
- 各组完成之后，可以在课堂内展示这张纸，作为其他写作课的参考。

> 我建议把在课堂展示的这张练习纸放大，把词语写得大大的，整整齐齐的，并且确保拼写正确。这样学生写作时就能够参考了。

六、课程：情感表达

参考书目：

Jamie Lee Curtis, *Today I Feel Silly*（P）
吉米·李·柯蒂斯《我今天觉得自己很傻》
Kevin Henkes, *Lily's Purple Plastic Purse*（P, I）
凯文·亨克斯《莉莉的紫色小包》
Anne Hoffman, *Amazing Grace*（I）
玛丽·霍夫曼《了不起的格蕾丝》
Karen Hoffman, *I Wanna Iguana*（P, I）
卡伦·霍夫曼《我要鬣鳞蜥》
Barbara Joosse, *Please is a Good Thing to Say*（P, I）
芭芭拉·朱斯《说“请”是件好事》

· 课程开始：

有些作者做得很出色的一件事，就是让他们的角色显得非常真实。能够达到这个目标的方式，就是赋予角色情感。假如你写的文字里面有情感表达，那么你的读者就会觉得你是在和他们直接对话，他们能更好地了解你，或是了解你写的角色。让我们来看看这些例子。其中一个例子有很好的情感表达，另一个则没有。看看你能否区分出来。

例1：

我叫杰克。我长着深色头发和褐色眼睛。我最喜欢的运动是曲棍球。我在学打鼓但是还不太行。我有一个姐姐和一个小弟弟。

例2：

我叫杰克，但是大伙儿喜欢叫我JJ。别问我为什么，因为我姓瑞尼。我长着褐色眼睛，头发看上去像是黑色，但还是差了那么一点点。曲棍球是这世界上最厉害的运动，任何不喜欢这项运动的人都不该活着。我在学习打鼓，但是我妈妈大概会说我还不太行。我在家里排行中间，其他人，说得好听点，我还有一个爱指挥的姐姐和一个“跟屁虫”弟弟。

· 两两一组讨论上述例子。哪一个例子里有情感表达？哪一个念上去有趣点？为什么？这个较有趣的例子中，哪些是情感表达上的特别示范？
· 告诉学生，好的写作者不是仅仅告诉别人他笔下的角色如何，而是尝试塑造一个真实和真正有个性的角色。
· 让学生帮助你把下列句子加入情感表达。

约纳森最喜欢的饮料是七喜。
我老师给我留的作业太多了。
我姐姐有时候欺负我。

· 告诉学生，在接下来的写作课程中，会有许多练习是加入情感表达的练习。

七、课程：语言和复杂语言

参考书目：

Kate Banks, *Max's Words*（P, I）
凯特·班克斯 《马克斯的词汇字》

Debra Frasier, *Miss Alainius: A Vocabulary Disaster*（P, I）
黛博拉·费雷西亚 《阿兰小姐：一场词汇大灾难》

Jane O'Conner, *Fancy Nancy*（P）
珍·奥柯纳 《时髦的南希》

Roni Schotter, *The Boy Who Loved Words*（P, I）
罗尼·肖特尔 《喜爱词汇的男孩》

· 课程开始：

> 合适的词和差不多合适的词之间的区别，就如同闪电和萤火虫之间的区别。
>
> ——马克·吐温

一位艺术家由一块空白的画布开始，调和颜料，小心地配色并涂抹在画布上，画出图画来。作家也像艺术家一样，唯一的区别是作家由一张白纸开始，而不是一块白布，使用的是词语而不是颜料。好的写作者会小心地选择、组织和重新组织词语，因为他们想让读者能够看到他们脑海中的故事。在英语中，大概有二十五万个词语——真的有很多词语可以选择！艺术家花很多时间调配颜色，直到找到合适的颜色。写作者也需要时间来找到合适的词语，最好的词语。有许多普通的扁平的词语——我把它们称作“单球词”，就像一个冰激凌那样。一个冰激凌没有什么不好，但很多时候你却想要更多。写作时，还有很多美丽的辞藻——我们称为“三球词”——美味的词语让你能够吃饱并感觉满足。

写作者需要很多词语来让作品变得有趣，就像艺术家需要很多颜料来让图画变得有趣一样。如果艺术家一直只用两种颜色，图画就会变得很无聊。假如写作者一直重复使用相同的词语，作品读上去也会很无聊。有满满一个调色盘的不同词语，能让我们成为多姿多彩的写作者。

在这张表上我列举了一些“单球词”，谁能帮我将它们变成“三球词”？

单球词	三球词
难过	忧郁、压抑
生气	愤怒、气愤
好	迷人、奇妙

· 邀请学生来讨论这张表格。

· 当学生有想法的时候，请派发“三球词”词汇表（参见第66页）。学生可以独立完成，或是和伙伴一起讨论。这张词汇表可以夹在他们的笔记簿中作为修改和重组词语的参考。

八、课程：使用第三人称写作

· 课程开始：

写作者通常从他们自己的记忆和经验中获得写作的点子，但有时候当他们写这些经历时，他们将故事变成了别人的经历。写作者或许根据自己或他们认识的人来创造角色，就好像不是由他们自己来讲故事了。今天我们要来运用这个技巧，也就是用第三人称写作。

· 将下列句子写在黑板上：

我不想跟他们一起去因为我觉得紧张。（第一人称）
她不想跟他们一起去因为她觉得紧张。（第三人称）

让学生读这两句话，问他们区别在哪里。讲解第一人称和第三人称的区别。

第一人称的写作，写作者就是讲故事的人。这有时候被称为个人叙述，因为是写作者在叙述或讲故事。第三人称写作就好像一个在故事之外的人，也就是旁白人，在讲故事。

说明这是个简单的技巧，但却是改变作品情感色彩的有力工具。

- 学生可以将以前所写的文章中的第一人称改为第三人称。这种技巧也可以是其他任何课程的一个重点。

今天，就算你是在描述自己的亲身感受，我还是希望你用第三人称描述这段经历，就好像这事发生在别人身上。下次阅读时，想想看作者是使用第一人称还是第三人称在写作。

九、课程：拟人化

- 将“拟人化”这个词写在黑板上，讲解这堂课要讲的技巧称为“拟人化”。问问学生从这个单词中，能否猜测到大概意思。在“人”字下画线或是圈起这个字，告诉他们记得这个字就会记得这项技巧。

拟人化就是将一件事物写成人——换句话说——就是将人的特性施加在事物上，你觉得什么是人的特性？比方说，人和石头的区别是什么？(动作或活动、想法和感觉、情感色彩。) 创造出能够思考、感觉，像人类一样活动的事物，这会让你的作品更容易理解。

- 写一些例子，讨论拟人化在句子中的使用：

花朵渴求雨水。
风儿边绕着屋子奔跑边大声尖叫。
这屋子又懒惰又披头散发。
闪电在天际跳舞。
树向着地面弯腰。
雕好的南瓜向着我微笑。
常春藤用细长的手指绕着树干。
风儿在夜色中轻声细语。
星星朝着我眨眼。

教师示范

- 让学生在白纸上画表格，或是利用第67页上的“拟人化”配对表。

表格一边，学生列举一些事物，自然界的最好，例如：星星、云朵、树叶、大海、青草等。表格另一边，学生列举一些动词——任何人能够用手、脚或嘴巴做到的事：跳、抓、轻声说话等。

· 表格两边填满之后，示范怎么把一边的事物和另一边的动作配对。鼓励学生创作特别的画面，尽量避免提到他们以前听到过的东西，例如："树叶在低声细语"已经用过了，但是"树叶踮着脚"是个新点子。

· 当学生将所有词配对之后，请他们选出最棒的三组扩充成句子。示范怎样扩充，例如添加副词（如何）和名词（在哪里）。例："树叶舞蹈"变成"树叶在霜冻的大地上安静地舞蹈"。

十、课程：第一印象

参考书目：

Barbara Abercrombie, *Charlie Anderson*（P, I）
芭芭拉·阿伯克龙比 《幸福的查理》
Mac Barnett, *Billy Twitters and his Blue Whale Problem*（P）
麦克·巴内 《比尔和他的宠物蓝鲸》
Anthony Browne, *Willy the Wizard*（P, I）
安东尼·布朗 《魔法师威利》
Paulette Bourgeois, *Franklin in the Dark*（P）
波莱特·布尔乔亚 《小乌龟富兰克林：黑暗中的富兰克林》
Laurel Croza, *I Know Here*（I）
罗瑞尔·克罗扎 《我知道这里》
Jennifer Riesmeyer Elvgren, *Josias, Hold the Book*（I）
珍尼弗·里斯迈尔·埃尔夫格伦 《约西亚，来上学吧》
Marie Hall Ets, *Gilberto and the Wind*（P, I）
玛丽·荷·艾斯 《吉尔伯托与风》
Greg Foley, *Willoughby and the Lion*（P, I）
格雷格·佛利 《威罗比和狮子》
Norton Juster, *The Hello, Good-bye Window*（P, I）
诺顿·贾斯特 《神奇的窗子》
Olivier Ka, *My Great Big Mama*（P, I）
奥利维尔·卡 《我的超级妈妈》
Eric Litwin, *Pete the Cat*（P）
埃里克·利特温 《彼得猫》
Peter H. Reynolds, *Ish*（P, I）
彼得·雷诺德 《味儿》
Chris Raschka, *Little Black Crow*（P）

克里斯·拉希卡 《小黑乌鸦》
Eric Rohmann, *Clara and Asha*（P, I）
埃里克·罗曼 《克拉拉和阿莎》
Danielle Simard, *The Little Word Catcher*（P, I）
丹尼尔·西玛德 《字母捕捉者》
Lane Smith, *It's a Book*（I）
兰恩·史密斯 《这是一本书》
Kathy Stinson, *Mom and Dad Don't Live Together Anymore*（P, I）
凯西·司迪森 《爸爸妈妈分开了》
Ferida Wolff, *It Is the Wind*（P）
弗里达·沃尔夫 《那是风》
Audrey Wood, *Sweet Dream Pie*（P, I）
奥德雷·伍德 《甜梦馅饼》
Wong Herbert Yee, *Who Likes Rain?*（P, I）
王·赫伯特·逸《谁喜欢雨？》

- 在黑板上写下“第一印象”，问学生是什么意思。问问他们什么场合下他们需要留下良好的第一印象。（找工作的面试，开学的第一天，第一次去朋友家。）他们怎么做才能留下良好的第一印象。（举止得体，眼神接触，握手。）

  这些都是重要的留下好的第一印象的方法。

- 问学生为何留下好的第一印象很重要。（因为这样别人会想要更加了解你。）解释作者也需要留下好的第一印象给他们的读者。为何作者需要这么做？（这样读者才会被吸引和产生兴趣，想要继续看下去。）

  作者有自己的技巧，可以给读者留下好的第一印象。

- 与学生分享示范书的开场，让学生念一下，想一想这里用的是什么写作技巧。

  用一个问题开场：
  安东尼·布朗 《魔法师威利》
  波莱特·布尔乔亚 《小乌龟富兰克林：黑暗中的富兰克林》
  珍尼弗·里斯迈尔·埃尔夫格伦《约西亚，来上学吧》

用对话开场：
罗瑞尔·克罗扎 《我知道这里》
麦克·巴内 《比尔和他的宠物蓝鲸》
埃里克·罗曼 《克拉拉和阿莎》
兰恩·史密斯 《这是一本书》
用一个事实开场：
诺顿·贾斯特 《神奇的窗子》
凯西·司迪森 《爸爸妈妈分开了》
奥利维尔·卡 《我的超级妈妈》
格雷格·佛利 《威罗比和狮子》
彼得·雷诺德 《味儿》
用一个提问开场：
丹尼尔·西玛德 《字母捕捉者》
克里斯·拉希卡 《小黑乌鸦》
弗里达·沃尔夫 《那是风》
用一个动作开场：
芭芭拉·阿伯克龙比 《幸福的查理》
奥德雷·伍德 《甜梦馅饼》
埃里克·利特温 《彼得猫》
用一个声音开场：
玛丽·荷·艾斯 《吉尔伯托与风》
王·赫伯特·逸 《谁喜欢雨？》

·讨论并做一张示范表：

怎样留下好的第一印象
一个好的写作者会用以下这些方法来做故事的开场：
· 一个问题
· 对话或交谈
· 一个简单的事实
· 一个提问
· 一个动作
· 一种声音

· 让学生使用第68页上的“留下好的第一印象”作为自己故事的开头。

十一、课程：对话

· 课程开始：

写故事和写说明文的一个主要区别是角色。故事里有经历了事情、有感觉和会说话的角色。故事中角色说的话，称作对话。对话可以帮助读者更好地了解角色本身。听着角色之间的对话，几乎能让读者置身于故事之中。

虽说许多语法书都会有独立的对话练习，我更喜欢学生在他们的写作中练习对话。本书中的一些课程会将对话作为写作技巧。

对话也是让读者在读大段的描述性文字之后休息一下的好方法。写作者写对话时，需要注意以下三项规则：

规则一：每次另起一行！每一次有一个新的角色说话时，请另起一行。

规则二：使用引号！给角色说的话加引号。

规则三：在引号内写别的标点符号！任何标点符号——包括逗号、句号、问号和感叹号——都要写在后引号之前。（除非问号或感叹号是在引号所引的句子之外）。

将下列句子写在黑板上，邀请学生将句子按照规则改正。一边写一边讲解规则。

教师示范

没有引号的对话：

我不喜欢绿色的香蕉猴子说。为什么？它妈妈问道。因为吃上去好像糨糊。猴子回答。你怎么知道糨糊吃上去什么味道？它妈妈问。就是知道。猴子回答。

有引号的对话：

“我不喜欢绿色的香蕉。”猴子说。

“为什么？”它妈妈问道。

"因为吃上去好像糨糊。"猴子回答。

"你怎么知道糨糊吃上去什么味道?"它妈妈问。

"就是知道。"猴子回答。

· 提醒学生,对话是故事中重要和有趣的一项,鼓励他们在下次写作时加入。

比喻句你来写！

姓名：________________

像xx那么冷	雪	我的滑雪手套湿透时，我的手指头
像xx那么热		
像xx那么勇敢		
像xx那么慢		
像xx那么快		
像xx那么安静		
像xx那么生气		
像xx那么好玩		
像xx那么讨厌		
像xx那么无聊		
像xx一样大声		
像xx那么柔软		
像xx那么粗糙		
像xx那么黑		
像xx那么白		
像xx那么大声		

比喻就是________________________________

____

“三球词”词汇表

姓名:________________

单球词	三球词
热	闷热、火热、炽热、发烫
冷	
湿	
好玩	
好	
坏	
累	
饥饿	
悲伤	
快乐	
生气	
美丽	
大	
小	
说	
友好	

“拟人化”配对表

姓名：________________

事物（没有生命的物体）	你用手、脚或嘴能做的动作

- 现在把左边的物体和右边的描述用一条线连接起来。尽量做到这个组合念上去有惊喜并且独一无二。
- 挑选你觉得最好的两组，在边上打星。用这两个组合在下面扩写成两个句子，用副词（怎么样）和名词（地点）来扩写。

举例：“树叶舞蹈”变成“树叶在公园里静静地舞蹈”。

____

____

留下好的第一印象

姓名:________________

现在轮到你留下好的第一印象!

用一个简单的事实开场:

____

____

用一个人的对话或交谈开场:

____

____

用一个问题开场:

____

____

用一个动作开场:

____

____

用一个提问开场:

____

____

用一种声音开场:

____

____

现在挑选其中一种作为你故事的开头,再接着往下写。看看这第一印象会不会变成一个很棒的故事!

第三部分　写作力课程

写作力之歌

（用《老麦克唐纳有个农场》的调子唱）

我写作时，我发出邀请，
请我的读者都来思考。
我写的字是给你的礼物。
这一页就是你我的联结。
想想这儿，想想那儿，
想想这儿，想想那儿，
每个地方都可以想一想！
我写作时，我发出邀请，
请我的读者都来想一想！

我写作时，我发出邀请，
请我的读者都来联结！
你曾经做过或是见过的事。
你可以期待！

这里联结，那里联结，
联结这里，联结那里，
每个地方都可以联结！
我写作时，我发出邀请，
请我的读者都来联结！

我写作时，我发出邀请，
请我的读者都来想象！
我用我的字来画一幅图。
你可以轻易地想象。
这里的一个字就是那里的一幅画。
（指一指“一本书”，然后指一指自己的大脑仓库）
这里有字，那里有图，
想象一下哪里都有画面！
我写作时，我发出邀请，
请我的读者都来想象！

我写作时，我发出邀请，
邀请一个问题蹦入你的大脑仓库！
当你阅读的时候，
你思考的轮子已经开始转动。
这边有些惊讶，那边有些惊讶，
这边有些诧异，那边有些诧异，
到处都有惊喜！

我写作时，我发出邀请，
邀请我的读者来推测。

我没告诉你所有的事。
或许你也不确定。
这边猜一猜，那边猜一猜，
这边猜猜，那边猜猜，
到处都是“或许吧”！
我写作时，我发出邀请，
邀请我的读者来推测！

我写作时，我发出邀请，
邀请我的读者来改变想法。
你念到这部分，突然之间，
你的想法改变了。
这里发出“啊哈”，那里发出“啊哈”，
这里“啊哈”，那里“啊哈”，
想法随时都会改变！
我写作时，我发出邀请，
邀请我的读者来改变想法！

第七章　与读者建立联结

和我们阅读的书籍建立起联结，能够强化我们对书的理解。当一个故事能够触动我们对类似经历、感觉、熟悉的人或地方的回忆时，故事会变得更有意义。假如阅读的东西能够和我们已经知道和理解的知识联结起来，关于事实的讯息对我们来说也会变得更有意义。我们对任何文章，不管是讲故事还是说明事实，都可以在自己所经历和了解的基础上，理解得更加深刻。当我们自己的生活故事与一篇文章的脉络互相交织，当我们能感觉角色所感觉的或是经历角色所经历的，那么我们所读的故事，也就成了我们自己的故事。联结可以是一种最简单但最深刻的加深理解的方式。

教授这项阅读技巧时，我告诉学生，所谓联结，就是你读的故事和你自己的个人生活相遇：

> 你的生活就是一个故事，只不过没写在纸上而已。每一段生活经历都会在你的生活故事中添加新的一章。你阅读时，有时候某些内容激起了你的回忆，拨动了你的心弦，让你想起了一个去过的地方，一个认识的人，或是曾经有过的感觉。

作为写作者，我们需要努力找到一种方式来邀请读者建立这种联结。

一种建立联结的方式就是选择一些读者容易联系的题材，例如：感觉、家庭、友谊或学校生活等。我们写自己的生活故事，希望读者能够联结到他们的身上。

一、联结的力量

在本章安排的课程中，鼓励学生在他们的头脑仓库的“记忆”仓库里寻找写作的点子。教师最好以学生自己的作品做示范，包括有关记忆和个人经历的内容。介绍写作技巧之后，会有一系列课程让学生进行练习。虽说不一定必要，但我强烈建议写作课和阅读课围绕“建立联结”这个主题同步进行。这样，学生能够渐渐在读和写中都认识到联结的力量。

二、关于我的联结

参考书目：

Karen Beaumont, *I Like Myself*（P）
凯伦·博蒙特 《我喜欢我自己》
Nancy Carlson, *I Like Me*（P）
南希·卡尔森 《我喜欢自己》
Wendy Ewald, *The Best Part of Me*（P, I）
温蒂·艾华德 《我最棒的地方》
Walter Dean Myers, *Looking Like Me*（I）
沃尔特·迪恩·麦耶恩 《像我一样》
Allia Zobel Nolan, *What I Like About Me!*（P）
阿丽娅·诺兰 《我们喜欢自己什么》
Marianne Richmond, *Hurray for You! A Celebration of You-ness*（P）
玛丽安妮·里奇蒙 《为你欢呼！》

第一课：构思

· 在黑板上写下：好的读者在阅读时建立联结，这些联结可以帮助他们更好地理解所读的书：

谁能告诉我什么叫作联结？（书中有些内容让我们想到以前发生在我们

叙述力：平路故事
技术力：添加细节（参见第48页）；情感表达（参见第55页）

身上的事。）“知道读者会在阅读时建立联结”能帮助我们成为更好的写作者。好作者希望读者和他们所写的东西建立联结。如果我们去看看自己的头脑仓库，哪个仓库能让我们写出有“联结”的作品呢？（记忆仓库。）你认为哪些记忆和经验可以让我们用来与读者建立联结呢？（关于家庭、学校、朋友等的记忆。）

· 告诉学生，你带了一些绘本与他们分享。读每本书的书名给他们听，然后问：

> 你们留意到这些书有什么相同之处了吗？（他们都集中说，“我”的事，是什么让我们每一个人与众不同、独一无二。）读者会和这些书建立联结，因为他们通过角色见到了自己。好作者会希望他们的读者建立联结。关于我们自己的写作，是什么让我们独一无二？是什么能让读者联想到他们自己，让他们独一无二？

· 在黑板上画一张关于“我”的思维图，写下三个方面的问题：我是谁；我长什么样；我的举止。提醒学生教师的范文会加上特别的细节来强调自己的独特之处。让学生两两一组，在思维图上分享至少两种关于自己的特质。
· 派发第94页联结“我”的写作构思纸，让学生独立完成。

第二课：写作

· 提醒学生：

> 好读者阅读时建立联结。好作者帮助读者建立这些联结。

· 告诉学生他们将利用之前联结“我”的写作构思纸来写一篇关于“我”的作文。

· 用你自己写的范文作为开始：

教师示范

我喜欢我自己！我有着蓝色的眼睛和浅褐色的头发。我像猴子那样长着细长的胳膊。有时候我的儿子们叫我“猴子妈妈”。我是两个孩子的妈妈，也是很多孩子的老师。我是个曲棍球妈妈：“救得好！奥利佛！”“传得好，史宾塞！”我喜欢下雪，下雪的时候我会在厨房跳雪之舞！我喜欢和朋友在一起：“你最近怎么样？”我也喜欢一个人静静地待着。我很有毅力：“别放弃！你能做得到！”我工作努力，我勤于思考——有时候我的脑子忙得我希望自己能有个开关！但最终，我只有我自己——我喜欢那样！我喜欢我自己！

· 分享完你的文章后，问学生他们留意到些什么。他们喜欢哪些部分？提醒学生开始写作时要加上细节和例子，让他们的文章变得有趣，而不只是列一张单子——不准写流水账！使用他们之前画的心智图能帮助他们组织想法，心智图上的每一个圆圈都圈着一个好主意，但应该再加上细节和举例。

第三课：讨论及修改关于联结的文章

两两一组让学生分享他们的文章，提醒他们也要分享与对方的作文建立的联结，给予“星星”和“愿望”（参见第17页）。讨论之后，学生用“3，2，1——开始修改！”或是“1，2，3，4——开始修改！”（参见第20页）检查列表帮助他们修改。教师可以利用这个时间和学生做个别讨论：一周我会与两至三名学生进行个别讨论。（参见第23页写作力讨论记录）

> 我一直使用唐纳德·格雷维斯的椅子概念来让学生在全班分享作文。在一把椅子背后挂上一张简单的牌子：“作家椅”或“作者椅”，这样能让学生感觉自己如同真正的作家。

第四课：发表和分享关于联结的文章

学生可准备一篇誊好的作文。挑选两至

三名学生在班上大声朗读他们的文章。一些提前完成作文的学生可以为文章配一幅图。

初级写作者的故事漫画：我

初级写作者可参照以下部分来写关于“我”的文章：

我喜欢我自己（图画，介绍你是谁）	我喜欢……（图画和字，加上一个细节描写）	我很会……（图画和字，加上一个细节描写）	我会……（图画和描述）

这是一位一年级学生画的故事漫画。

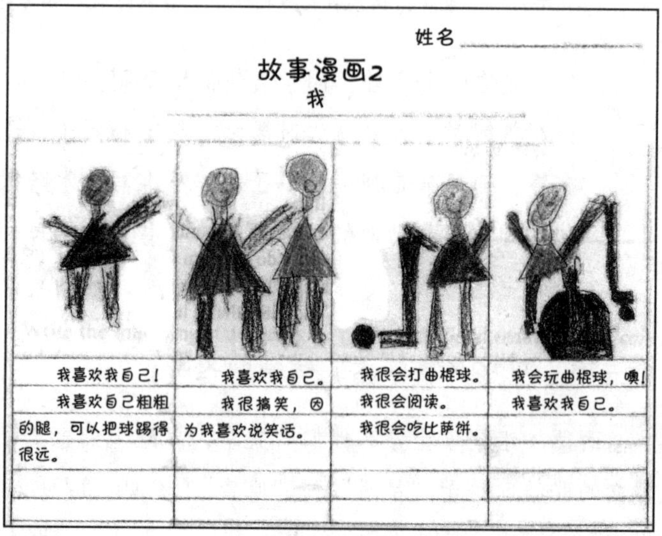

三、与“感觉”联结

参考书目：

Aliki, *Feelings*（P, I）
阿丽奇 《感觉》
Janan Cain, *The Way I Feel*（P, I）
珍娜·凯茵 《猜猜我在想什么》
Vicki Churchill, *Sometimes I Like to Curl Up in a Ball*（P）
维奇·切尔奇尔 《我是小袋袋》
Jamie Lee Curtis, *Today I Feel Silly*

（P）
吉米·李·柯蒂斯《今天我觉得自己很傻》
Florence Parry Heide, *Some Things Are Scary*（I）
弗洛伦斯·帕里·海德《吓人的事》
Todd Parr, *The Feelings Book*（P）
托德·帕尔《关于感觉的书》
Todd Parr, *The Fell Good Book*（P）
托德·帕尔《这个感觉很棒》
Dr. Seuss, *My Many Colored Days*（P, I）
苏斯博士《多彩的日子》

第一课：构思

叙述力：平路故事（初）或爬坡故事
技术力：添加细节（参见第48页）；比喻（参见第50页）；情感表达（参见第55页）

- 提醒学生他们的写作是在邀请读者进行联结。分享一些示范书，问他们这些书有什么相同点（它们都是讲感觉的）。问问学生为何关于感觉的书能让读者建立联结（因为每个人都有感觉，所以每个人都能建立联结）。挑一本书大声朗读。
- 讨论一些描述感觉的词语，写在一张纸的左侧。我觉得将感觉分成正面的和负面的两类比较有帮助（见下表）。

正面的感觉	负面的感觉
自豪、兴奋、快乐、被爱、傻气、感恩、棒、放松、满足、勇敢、幸运	伤心、生气、嫉妒、发疯、愤怒、失望、沮丧、尴尬、烦恼、害怕、紧张、担心

- 让学生从列表中挑出一个关于感觉的词，邀请他们在自己的头脑仓库中，找找有没有曾经在生活中有过这样的感觉。
- 举一些例子，然后让学生分享他们的感受。

教师示范

我的朋友无缘无故不再和我说话时，我觉得伤心。

有一次，我从卧室见到走廊上的影子，以为是小偷，我觉得害怕。
我支持的球队在加时赛进球并赢得比赛时，我很兴奋。
我做“星球大战”模型时找不到所需的乐高积木，我觉得沮丧。
我需要当着全班发表演讲时，我觉得紧张。

· 派发联结“感觉”的写作构思纸（参见第95页）。学生可以找寻他们的大脑记忆仓库来完成每一种感觉。

第二课：写作

· 提醒学生这个星期的所学重点是联结感觉。让他们从联结“感觉”的写作构思纸中挑选一种感觉来完成一篇作文。
· 你的例子：

教师示范

我选择的感觉词是“失望”。坎那可斯队没有得到冠军杯，我感到失望。

· 两两一组，让学生分享讨论一下看完老师的范文后能否建立联结。之后学生再看看联结“感觉”的写作构思纸，从中挑选一种感觉来写作。写作前，告诉他们的搭档，他们会挑选哪一个词来写。
· 告诉学生，写作时要用到“谁、什么、哪里、什么时间和为什么”，这样读者才能明白，他们为何会产生那种感觉。

第三、第四课：

莫丽·邦的《苏菲生气了》是如何关注情绪问题的好例子。

参见第75页。

初级写作者的故事漫画：感觉

当……我觉得快乐。加入细节和情感色彩	当……我觉得伤心。加入细节和情感色彩	当……我觉得兴奋。加入细节和情感色彩	当……我觉得害羞。加入细节和情感色彩

参见第80页的例子：感觉。

二年级学生写的与感觉联结的例子。

大败仗

今晚是坎那可斯队准备夺取冠军杯的夜晚。他们将会在第七场打北（打败）波士顿队，将会成为冠军杯力史（历史）上第一个法语区冠军。

干掉波士顿队，我爸爸这么说。我的朋友来了，和我（吃了）很多食物。我妹妹和爸爸带着（戴着）球队的帽子，我在脸上贴了贴纸。我们大家挥着小旗子。我们站起来唱："哦，加拿大！"我们和一个友好的大胖子一起唱得很大声。过了大概五分钟，比赛越来越糟。波士顿队一直得分，1比2，3比4，4比0。

比赛结束了——我们输了。我的失望巨大到我觉得充满了正（整）个身体。我在坎那可斯队的枕头上哭，一直哭到睡着了。

（完）

这是一位一年级学生画的故事漫画。

四、与“一位特别的成年人”联结

参考书目:

Anthony Browne, *My Dad*（P）
安东尼·布朗 《我爸爸》
Anthony Browne, *My Mum*（P）
安东尼·布朗 《我妈妈》
Nick Butterworth, *My Grandpa is Amazing*（P）
尼克·波沃士 《了不起的爷爷》
Gaby Goldsacks, *My Mom is Great*（P）
加比·歌德萨克 《我妈妈很棒》
Mercer Mayer, *Just Me and My Dad*（P）
梅西·迈尔 《只有我和爸爸》
Sally Morgan, *Me and My Dad*（P, I）
莎莉·摩根 《我和我爸爸》
Carl Norac, *My Daddy is a Giant*（P, I）
卡尔·诺阿克 《我爸爸是巨人》
Carl Norac, *My Grandpa is a Champion*（P, I）
卡尔·诺阿克 《我爷爷是冠军》
Carl Norac, *My Grandma is a Star*（P, I）
卡尔·诺阿克 《我奶奶是巨星》
Joanne Ryder, *My Father's Hands*（P, I）
珠安妮·瑞安达 《我爸爸的手》
Joanne Ryder, *My Mother's Voice*（P, I）
珠安妮·瑞安达 《我妈妈的声音》
Ashley Wolff, *I Call My Grandpa Papa*（P, I）
阿什利·沃尔夫 《我叫祖父爷爷》
Ashley Wolff, *I Call My Grandma Nana*（P, I）
阿什利·沃尔夫 《我叫祖母奶奶》

第一课：构思

> **叙述力**：平路故事
> **技术力**：添加细节（参见第48页）；比喻（参见第50页）；重复句（参见第54页）

- 提醒学生写作是为了邀请读者来建立联结。之前的写作练习包括与自己和与感觉的联结。这个星期他们会集中学习与一些新的事物发生联结。
- 分享1—2本示范书，或者将书派发给不同小组。讨论这些书有什么相同之处（所有书都是关于父母或一位特别的成年人的）。问学生他们阅读时联结到了什么，他们还留意到了什么（关于某人的细节描写、重复句）。
- 解释下一篇作文会让大家集中写一位特别的成年人。可能是父母、祖父母、外祖父母、叔叔阿姨或者一个朋友。要学生选择一位他们熟知或爱戴的人。让学生和自己的伙伴讨论：

  - 他们的这位特别的成年人是谁。
  - 这位成年人一个有趣的地方。
  - 一个关于这位成年人的特殊回忆（记忆仓库）。
  - 当他们想起这位成年人时的一种感觉。

- 派发联结“一位特别的成年人”的写作构思纸（参见第96—97页，双面打印），让学生完成。如果有时间，和一位伙伴分享。

第二课：写作

- 提醒学生：

  好读者在阅读时建立联结。好作者帮助读者建立这些联结。

- 告诉学生他们将利用之前完成的写作构思纸，写一篇关于一位特别的成年人的文章。

我们希望当读者阅读时，他们能和一位对他们来讲很特别的成年人产生联结。

· 示范你的作品：

教师示范

我奶奶很可爱。她出生在遥远的英国，经历过战争。她长着柔软的姜色头发，有一副好听的嗓子。她织着小婴儿的格子毛毯时，会一边哼着《音乐之声》里的歌曲。她看看山脉，说："瞧瞧我的山啊！它们不是很可爱吗？"我奶奶很可爱。我奶奶试着拿一根绳子跳绳时，让我觉得很好玩，因为她不太会跳，她老是说："哦，我的天，绳子断掉了！"我奶奶很可爱。我奶奶会做美味的牛肉大麦汤，还有在你嘴里溶化的牛油饼。我奶奶的手老是冷冷的。"手冷，心热。"她总是说。她说得没错。我奶奶很可爱。

· 问学生这篇短文使用了哪些写作技巧（添加细节、重复句、比喻）。鼓励学生在描写那位特殊的成年人时，在文章中加入重复句和比喻手法，还有能让文章与众不同的细节。

第三、第四课：

参见第75页。

初级写作者的故事漫画：一位特别的成年人

我的XXX是……	我的XXX会……	有一天，我的XXX和我……	我爱我的XXX，因为……

参见第84页例子：一位特别的成年人。

我的爸爸很特别！

他出生在中国香港。他的爱好是打扑克牌和麻将。他擅长骑自行车，还是个棒极了的工人。你知道吗？他为我们的新家建了个厨房。

我的爸爸很特别！他去参加婚礼或是葬礼时，闻上去有股柚子味古龙水的味道。爸爸是个司机，他下班回家时看上去很累，但见到家里人总是很开心。他爱极了吃汤面。有件事你一定不知道，就是八月的时候，他开了一辆卡车来我的女童军营地。有时候我们吃完了晚饭，我爸爸会扮好笑的猴子脸。

我的爸爸很特别！

这是一位四年级学生写的范文。

塞克史密斯小学三年级的教师玛丽·寇特尔和吉安奈特·曼佛德，为父亲节准备了这堂课。誊写好配了插图的文章，作为父亲节的礼物，肯定会为许多的爸爸带去欢笑和温暖的心。

这是一位二年级学生画的故事漫画。

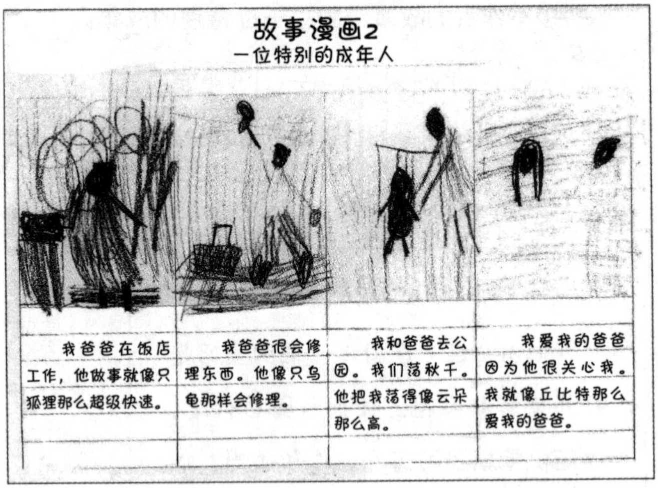

五、与“一位朋友”联结

参考书目：

Aliki, *We Are Beset Friends*（P）
阿丽奇 《我们是好朋友》
Kathryn Cave, *That's What Friends Do*（P）
凯瑟琳·凯夫 《好朋友就是这样》
Sue Heap, *Red Rockets and Rainbow Jelly*（P）
苏·希坡 《红火箭和彩虹糖》
Kevin Henkes, *Chester's Way*（P, I）
凯文·亨克斯 《切斯特的办法》
Rebecca C. Jones, *Matthew and Tilly*（I）
丽贝卡·琼斯 《马修和蒂利》
Sam McBratney, *I'm Sorry*（P）
山姆·麦克布拉提 《对不起》
Alexis O'Neil, *The Worst Best Friend*（P, I）
艾莉克斯·欧尼尔 《最坏的好朋友》
Mary Ann Rodman, *My Best Friend*（I）
玛丽·罗丹 《我最好的朋友》
Judith Viorst, *Rosie and Michael*（I）
朱迪思·维奥斯特 《罗西和迈克尔》

第一课：构思

· 提醒学生写作的重点是邀请读者来建立联结。之前的写作练习包括与他们自己联结，与他们的感觉联结，与一位特别的成年人联结。这个星期他们将集中学习与一件新的事物联结。

> **叙述力**：第三人称爬坡故事
>
> **技术力**：添加细节（参见第48页）；语言和复杂语言（参见第57页）；使用第三人称写作（参见第58页）

· 分享1—2本示范书。请学生在你朗读时留意自己能否建立联结。念完以后，让他们与伙伴讨论和分享他们的联结。问他们：

你联结了什么吗？你留意到这些书的特别之处了吗？（它们都是关于友谊的。）

告诉他们关于友谊的文章，会让读者联想到自己与朋友的友情。

· 要求学生想一想，他们有没有什么特别的朋友可以写。

你们是怎么成为朋友的？这位朋友有什么特别的地方？你喜欢和这位朋友一起做些什么？

请学生去他们的记忆仓库寻找与这位朋友相关的特别回忆。

与一位伙伴分享：

· 你朋友的姓名
· 你们怎么认识的
· 你喜欢这位朋友的哪个方面
· 你和这位朋友共有的特别回忆

· 花一些时间想一下和朋友有关的“三球词”（参见第66页）。
· 派发联结“一位朋友”的写作构思纸（参见第98页），让学生独立完成。

第二课：写作

> 参见第41页，关于平路故事和爬坡故事的形式。

· 发回联结“一位朋友”的写作构思纸给学生，让他们与一位伙伴分享。

· 告诉学生他们将用写作构思纸上的点子来写一篇关于朋友的文章。之前他们所写的所有故事都是平路故事，但今天他们将会写一个爬坡故事。

虽然写作的点子来自你的大脑仓库，但这次我们将用第三人称写作。

· 示范你的文章：

教师示范

雪柔和卡西是好朋友。她们穿同样的衣服，喜欢同一个歌星，吃相同口味的冰激凌。

（解说这是故事平铺直叙的那部分，是将背景铺陈开来：介绍角色和一些关于她们的细节。）

雪柔和卡西在学校上同一个班。上阅读课和体育课时，她们会组成一组。每天她们都一同吃午饭。

（这是更多的细节。）

有一天，雪柔对卡西的新发型开了个玩笑，逗得别的孩子都笑了。当卡西听到她的朋友笑话自己时，她的心缩紧了，眼里感觉有了泪水。

（解释这是故事开始爬坡了，因为发生了一些事。）

第二天，雪柔发现卡西一个人坐着。“对不起，我之前笑话你的头发，”雪柔说，“我并不想伤害你的感情。”卡西的心松开了一点点。“谢谢你说对不起。”她回答。

（解释现在故事正由山坡上走下来。）

雪柔和卡西又成了朋友。

（解释现在这个故事结束了，而且没有把读者留在山顶上！）

· 学生可以利用之前完成的写作构思纸，加入细节和例子，开始写他们关于友情的故事了。

初级写作者可能还在使用第一人称写作，但也可以在一些指引下写作爬坡故事。

第三、第四课：

参见第75页。

初级写作者的故事漫画：我的朋友

我的朋友xxx是……	我们喜欢……	有一天……	然后……	最后……

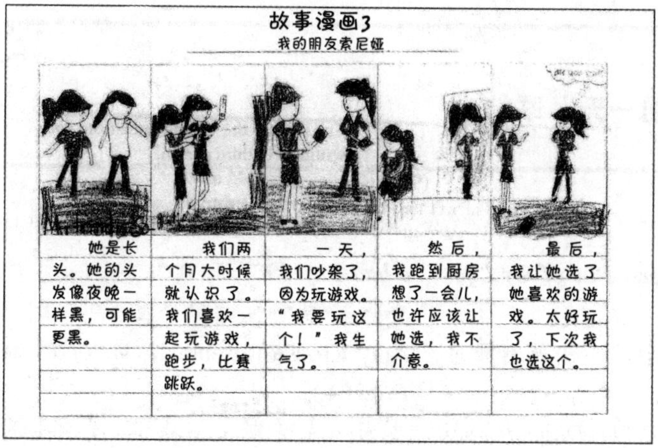

这是一位二年级学生画的故事漫画。

六、与“一位兄弟姐妹”联结

你或许想上一节和“与一位朋友”联结相似的课程，但是关于一位兄弟姐妹而不是朋友。学生可以使用平路故事或爬坡故事的结构来完成写作。课程请参见第84—87页。

请参见第99页联结“一位兄弟姐妹”的写作构思纸。

参考书目：

Judy Bloom, *The Pain and the Great One*（I）
朱迪·布鲁姆 《大姐姐和麻烦小弟》
Anthony Browne, *My Brother*（P）
安东尼·布朗 《我哥哥》
David MacPhail, *Sisters*（P）
大卫·迈克菲尔 《姐妹》
Patricia Polacco, *My Rotten-Red-Headed-Older-Brother*（I）
派翠西亚·波拉寇《我的红发臭老哥》
Judith Viorst, *Super-Completely and Totally the Messiest*（P, I）
朱迪思·维奥斯特 《超级无敌脏乱小妹》
Charlotte Zolotow, *Big Sister and Little Sister*（P）
夏洛特·佐洛托 《好姐妹》

七、与“倒霉的一天”联结

参考书目：

Julia Cook, *The Worst Day of My Life, Ever!*（P）
茱莉亚·库克 《我这辈子最倒霉的一天！》
Eugenie Fernandez, *The Difficult Day*（P）
尤金·费尔南德斯 《糟糕的一天》
Tom Lichtenheld, *What are You So Grumpy About?*（I）
汤姆·德利希藤黑尔德 《你在气什么？》
Steve Metzger, *Dinofours: I'm Having a bad Day!*（P）
史蒂夫·梅慈科 《我今天过得很糟！》
Amy Krouse Rosenthal, *One of Those Days*（I）
艾米·克劳斯·罗森塔 《倒霉的日子》
Judith Viorst, *Alexander and the Terrible, Horrible, No Good, Very Bad Day*（P）
朱迪思·维奥斯特 《亚历山大和倒霉、烦人、一点都不好、糟糕透顶的一天》

第一课：构思

> **叙述力**：学生自由选择平路故事或爬坡故事
>
> **技术力**：使用第三人称写作（参见第58页）；重复句（参见第54页）；添加细节（参见第48页）

- 提醒学生写作是在邀请读者建立联结。之前的写作练习包括了和自己、感觉、一位特别的成年人、朋友的联结。这个星期他们将集中练习与一个新事物的联结。
- 分享1—2本示范书。要求学生在你朗读时寻找自己和书的联结。念完书以后，请学生与一位伙伴讨论和分享自己的联结，问他们：你的联结是怎样的？你留意到这本书的什么特别之处？（都是关于不走运的一天的。）解释给学生，其实每个人都会遇到倒霉的一天，写关于自己倒霉的一天能让读者联系到他们也曾经历的倒霉的一天。
- 让学生想一想有什么事能让好的一天变成倒霉的一天。把他们的点子写在黑板上。

 在家里或学习上惹了麻烦。
 丢失一样有意义的东西。
 一个特别的计划被取消了，或是没有成功。
 输了一场重要的比赛，或是没有得到奖项。

- 要求学生在记忆仓库中寻找他们的倒霉的一天，让他们和伙伴分享。

  - 这是什么时候发生的？
  - 那一天是怎么开始的？
  - 发生了什么事让那一天变糟了？
  - 你感觉如何？

- 派发联结“倒霉的一天”的写作构思纸（参见第100页），请学生把想法写上去。

第二课：写作

> 这个课程也可以变成“我最棒的一天”。最棒的一天的示范书：艾米·克劳斯·罗森塔的《这天干什么都行》。

- 提醒学生这个星期的课程重点是与倒霉的一天联结。发回他们完成的写作构思纸，让他们与伙伴分享。
- 学生可以选择针对倒霉的一天写一篇爬坡故事（像《糟糕的一天》）或是一个平路故事，描写在倒霉的日子会发生的各种事情（像《倒霉的日子》）。提醒他们如果选择写平路故事，他们需要写一句重复句（例：……倒霉、烦人、毫无优点、糟糕透顶的一天！），故事可以第一人称或第三人称写作。

第三、第四课：

参见第75页。

初级写作者的故事漫画：与“倒霉的一天”联结

倒霉的一天是当……	或是当……	或是当……	但我最差最差的一天是当……

八、与“记忆”联结

参考书目：

Jamie Lee Curtis, *When I was Little*（P）
吉米·李·柯蒂斯 《我小时候》
Arthur Howard, *When I was Five*（P）
阿瑟·郝伍德 《我5岁时》
Sara O'Leary, *When You Were Small*（P, I）

萨拉·奥李瑞 《当你还小的时候》
Isabel Minhós Martins, *When I Was Born*（P）
伊萨贝尔·敏赫斯·马丁斯 《我出生的时候》
Barbara Reid, *The Party*（P, I）
芭芭拉·瑞德 《生日派对》
Cynthia Rylant, *Birthday Presents*（P, I）
辛西娅·赖兰特 《生日礼物》
Cynthia Rylant, *When I was Young in the Mountains*（P, I）
辛西娅·赖兰特 《山中旧事》
Charlotte Zolotow, *I Like to Be Little!*（P, I）
夏洛特·佐洛托 《我喜欢做个小孩子》

第一课：构思

叙述力：平路故事，第一人称
技术力：添加细节（参见第48页）；重复句（参见第54页）；语言和复杂语言（参见第57页）

- 提醒学生他们写作是在邀请读者建立联结。之前的写作练习包括了和感觉、一位特别的成年人、朋友、倒霉的一天的联结。这个星期他们将集中练习与一个新事物的联结。
- 分享1—2本示范书。要求学生在你朗读时寻找自己和书的联结。念完书以后，请学生与一位伙伴讨论和分享自己的联结，问他们：你的联结是怎样的？你留意到这本书的什么特别之处？（他们都是有关小时候的记忆的。）

我们大家都有关于我们小时候的记忆，我们说过的可笑的话，或是做过的可笑的事情，我们不可以做的事情，我们学会的东西。关于我们小时候的个人记忆的写作，可以帮助你们的读者与他们小时候的记忆联结。

- 邀请学生把一些小时候的照片带回学校，问问他们的父母有没有关于他们小时候的故事或回忆。讨论一些可能的写作点子：
    - 学习走路
    - 我说的第一个字

- 我最喜欢的毯子或是毛绒玩具
- 我说过的可笑的话
- 我做过的可笑的事
- 我的第一个生日会
- 我喜欢去的地方
- 我喜欢玩的游戏
- 我以前参加过的活动：游泳、唱歌等

- 要求学生在他们的“记忆仓库”中寻找关于幼年的记忆，和一个伙伴完成下列句子：“我小的时候，我……”
- 派发联结“我小的时候”的写作构思纸（参见第101页），请学生把想法写在上面。这张写作构思纸可以带回家去填写，以便学生可以询问父母。

第二课：写作

- 提醒学生他们这个星期的课程重点是与“小时候”联结。发回他们做的写作构思纸，让他们与伙伴分享。
- 重读吉米·李·柯蒂斯的《当我四岁时》。问学生他们喜欢哪部分，他们留意到这本书有什么特别之处。（是关于自己的；重复句是我小的时候；用第一人称写作。）
- 提醒学生他们将用第一人称写一个平路故事，和他们复习一下可以使用的一些写作技巧：重复句、添加细节。复习细节描写，在班里写下这两个句子，讨论有什么不同之处。

我小的时候，常常哭泣。
（这是任何人都可能发生的事。）
我小的时候，每次吃鸡蛋后都会不断打嗝儿。
（添加细节后，你写的东西就变成独一无二的了。）

第三、第四课：

参见第75页。在第四课上发表和分享文章的时候，学生或许想附加一张自己小时候画的图画或照片。

初级写作者的故事漫画：联结“我小的时候”

我小的时候，我总会叫xxx（或说xxx）	我小的时候，我有xxx（一件特殊的玩具或毯子）	我小的时候，我喜欢xxx（你做的事情或你喜欢去的地方）	我小的时候，我xxx，但是现在，我xxx

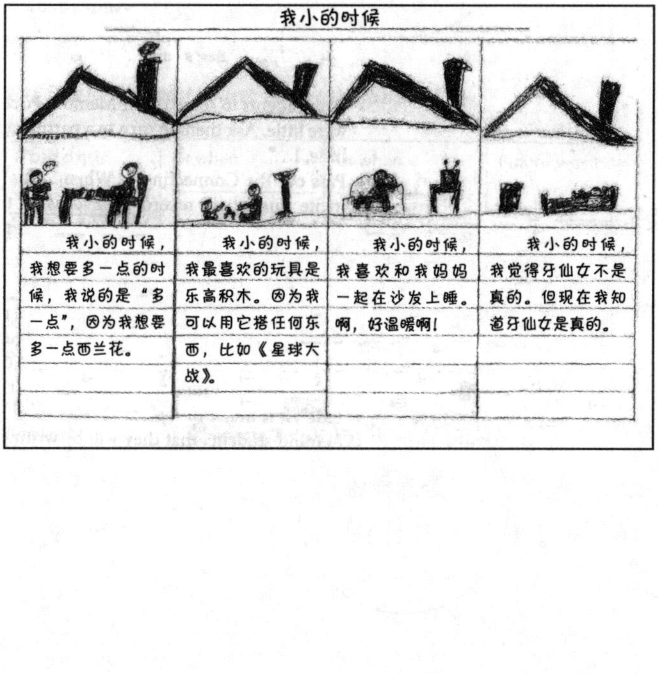

这是一位二年级学生画的故事漫画。

联结“我”的写作构思纸

姓名:________________

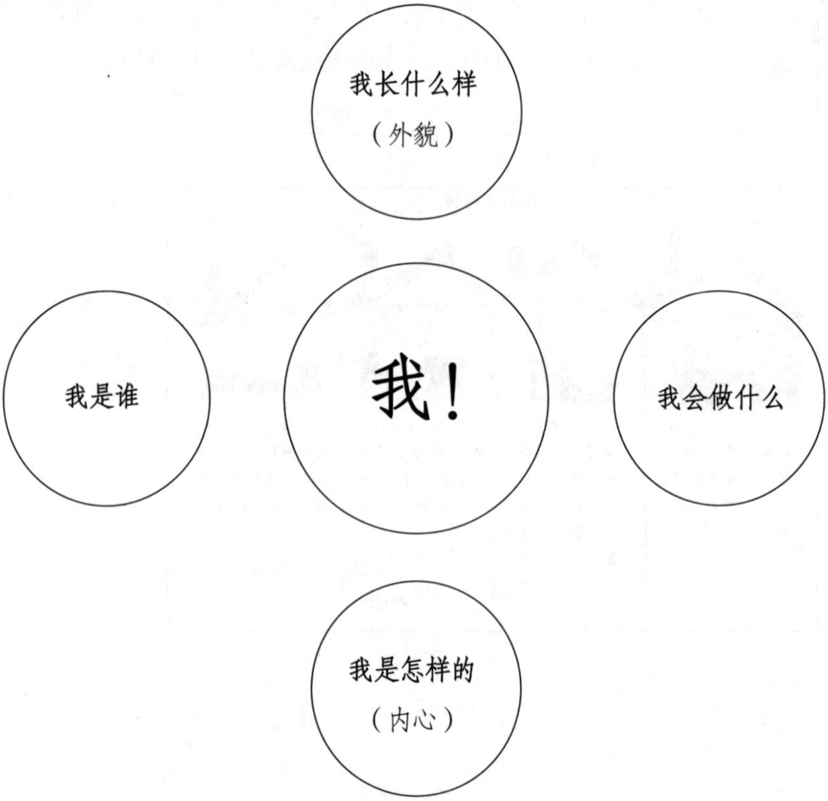

联结“感觉”的写作构思纸

姓名：________________________

在你的记忆仓库里寻找一些不同感觉的例子。尽量寻找那些你经历过的非同一般的事情。

当________________________我觉得生气。

当________________________我觉得尴尬。

当________________________我觉得嫉妒。

当________________________我觉得紧张。

当________________________我觉得惊讶。

当________________________我觉得无聊。

当________________________我觉得伤心。

当________________________我觉得害怕。

当________________________我觉得骄傲。

当________________________我觉得失望。

当________________________我觉得兴奋。

当________________________我觉得沮丧。

现在选择一种你的感觉，将它扩充成一篇文章。尽量尝试选择对你来说是独一无二的经验。

____

联结“一位特别的成年人”的写作构思纸

姓名:________________________________

我的__________的名字是____。

我的__________在____出生。

头发:____

眼睛:____

爱好:____

职业:____

擅长:____

我喜欢和_____________一起做:

____

____

你大概不知道的关于我的______________的一些有趣的事:

____

____

我的__________做____

____

____让我觉得很好玩。

我的__________老是说(最喜欢说的话或是口头禅)

“____”

联结"一位特别的成年人"的写作构思纸（续表）

姓名：________________________________

当我的________做____

____

______________________的时候，我觉得自己很特别，而且有被爱的感觉。

一个和我的__________有关的特别的回忆（我最喜欢的回忆）是当______

____

____

____

三个"**三球词**"词语来描写我的________：

____________________，____________________，__________________，

六种关于我的________的感觉：

看：	闻上去：
听：	吃上去：
感觉（触觉）：	感觉（内心）：

联结“一位朋友”的写作构思纸

姓名：________________

我的朋友的姓名：________________

我们在________________（时间和地点）第一次遇到。

我喜欢和这位朋友一起做的事情：

____

____

四个可以用来描述我的朋友的“三球词”词语：

________________ ________________

________________ ________________

我的朋友对我来讲很特别，因为：

____

____

一个和我的朋友有关的特殊回忆是：

____

____

我和我的朋友有一次闹矛盾：

____

____

然后我们这样解决了这个矛盾：

____

____

联结“一位兄弟姐妹”的写作构思纸

我的兄弟姐妹的姓名:______________ 他（她）__________岁。

四个可以用来描述我的兄弟姐妹的“三球词”词语:

______________ ______________

______________ ______________

我羡慕或是崇拜他（她）的地方

____

我喜欢他（她）的地方

____

每天我的兄弟姐妹都会:______________________

我的兄弟姐妹如果______________________

______________________________会惹到我。

一件你大概不知道的关于我的兄弟姐妹的事情:

____

____

我和我的兄弟姐妹一起拥有的特殊回忆是:

____

____

联结“倒霉的一天”的写作构思纸

姓名:________________

发生时间:________________

发生地点:________________

这一天这样开始……(描述这天在变糟糕之前是如何开始的)

____

____

发生了什么事情?(解释一下发生了什么让这天变糟了)

____

____

这天最糟糕的部分是(描述你记忆最深刻的关于这天的事情)

____

____

这天的结束(描述这糟糕的一天是怎样结束的)

____

____

哪些“三球词”词语可以用来描述这糟糕的一天?

________ ________ ________

你将用第三人称写这个故事。使用你自己的经历,但把“我”改成一个角色。

我的角色的名字是:________________

联结“我小的时候”的写作构思纸

姓名：______________________

我小的时候一个最喜欢的玩具或游戏：

____
____
____
____
____
____

我小的时候说的一个好玩的字：

____
____
____
____
____
____

我小的时候最喜欢做的一件事：

____
____
____
____
____
____

我小的时候认为的一件事：

____
____
____
____
____
____

但是现在，

____
____
____
____
____
____

我小的时候不可以做的一件事：

____
____
____
____
____
____

但是现在，

____
____
____
____
____
____

第八章　在读者头脑中创造图画

在一次长距离的汽车旅行中，一个小男孩听完了整部《手斧男孩》的电影录音，然后向妈妈宣布："这是我看过的最棒的电影！"这是一个图像化的例子。图像化是读者在阅读过程中所使用的一种策略，能帮助他们把文字信息转化成头脑中的可视信息。当所阅读的文字中没有图片信息时，读者更容易进行图像化。而且，图像化通常发生在阅读过程中，而不是阅读完成之后。

某些文字能使图像化的过程更容易、更快速、更频繁。为什么有些书能使人产生图像化，而有些书不行呢？我们需要来仔细看看书中的文字。有一类作者，比如说画家，他们的作品直接就是可图像化的图片。画家和其他作者的区别在于：我们能用眼睛直接看见画家所创作的图画，而其他作者的作品所激发的"图画"是呈现在我们的大脑中的。画家选择、使用不同的颜料，经过混合和重新组合，在画布上画出供人们观赏的图画。其他作者选择、使用不同的文字，经过重新组合，在纸上画出我们大脑中的"图画"。

优美的文字能创造出栩栩如生的图画。对写作者来说，意识到这一点的重要性，能更好地帮助我们提高写作能力，激发我们更好地选择字词。在我们教学生写作的时候，很多老师把措辞作为衡量优秀作品的一个关键点。通过学习一些写作方法，学生会了解措辞是一部好作品最重要的特质之一——问题是，他们是否知道其中真正的原因？“写作力”能够帮助我们更好地了解这关键的一步，并付诸行动。我们能帮助学生在认知层面上对措辞有更深的理解。为什么有效地选择和使用好的字词，对写作来说是非常重要的？答案是：因为我们知道，好的读者能进行图像化，而好的文字能帮助他们进行图像化。通过学习，我们可以帮助学生成为语言艺术家，用优美的文字给读者“描绘”出形象的图画。

一、从思考力到图像化

很多时候，读者图像化的过程，其实是在自己的记忆仓库中搜寻以前存储的图画。换句话说，读者把读到的文字和自己已有的知识经验联系起来，通过以前的知识经验来帮助自己创造头脑中的图画。如果读到的事情是自己没有亲身体验过的，那么这个图像化的过程就会比较难。不过，如果我们稍微花点时间思考一下，就总会在记忆仓库中找到类似的事件，进而产生图像化的图画。我们的大脑就像一台电脑，搜索记忆中所有的文件，直到找到和当前阅读到的文字有关的图画。当一名读者既没有类似的经历，也没有类似的记忆来帮助他产生图像化时，他的图像化过程就会通过想象来完成。举个例子，当一名读者第一次读到霍格沃茨魔法学校时，他之前肯定不会有类似的经历。然而，通过J.K.罗琳栩栩如生的描写，加上读者的想象力，他就能亲眼“看见”这个神奇的魔法学校。

课程：介绍能邀请读者图像化的写作

· 在黑板上写下“图像化”的字样，问问学生是否知道其含义，以及和写作的关系是什么。（答案：图像化指在头脑中产生图画；好的读者在阅读的过程中通常有一个“图像化”的过程，能帮助其更好地理解阅读内容。）

· 进行一些快速的图像化练习。请学生闭上眼睛，在头脑中图像化某些词，比如蝴蝶、小狗、美味的、缓慢的，然后请学生自行分组，和组员分享这些词在自己头脑中产生的图画。或者针对他们头脑中的图画问一些问题，比如：什么是金斑蝶？这只金斑蝶正在飞行吗？它停在一朵花上吗？你还看见了什么？和学生一起讨论图像化的差异问题：因为每个人头脑中所存储的图画不一样，所以同一个词产生的图像化也不一样。问问学生：我们头脑中的图画是从哪里来的？（从记忆仓库来的。）问问他们，如果以前从来没有过关于城堡的经验和记忆，那要怎样才能产生关于城堡的图像化图画呢？（从想象仓库和事实仓库来。）
· 图像化活动：给学生读一本图画书，但不要给他们看里面的图片。要求学生在听的时候，一边想象故事中的图画。读完之后每人发一张白纸，然后第二次朗读，这一次要求他们边听边把自己“看”到的图画画下来。鼓励他们至少画出两到三个词产生的图像化图画，完成以后，请他们和组员分享自己的作品。
· 活动完成以后，和学生一起讨论。

我在阅读中并没有给你们展示书中的图画，那么，你是如何“看见”这些图画的？

读书的时候，有时我们能“看见”图画，有时不能。

你觉得这是为什么？为什么有些书能更好地产生图像化这个过程？

作家就如同一个画家。画家通过颜料的混合和重新组合，在空白的画布上创作图画。作家在空白的纸上进行创作，但他们用什么来“创作图画”呢？（通过文字。）作为一名写作者，我们要学会在纸上用文字来创作读者能“看见”的“图画”。

向学生解释，接下来他们将会学习一系列写作技巧，使他们的作品能更好地帮助读者产生图像化。

· 课后总结：

今天我们讨论的主题是“图像化”，一名好的读者在阅读的过程中能“看见”图画。现在我们知道了，“图像化”的出现，是因为作者在写作过程中用文字“描绘了”图片。在接下来的几周内，我们将会学习如何使用文字来帮助读者“看见”图画。

二、把苹果图像化

第一课：构思

· 提醒学生：好的读者在阅读的时候能“看见”图画。问学生：作者怎样才能帮助读者产生图像化（通过文字的选择，优美的文字能够帮助读者在头脑中描绘图画）。

· 把范文（参见第132页）发下去，请学生通读两篇范文（小学老师可以给学生朗读范文），然后让学生互相讨论：

> 可以使用本书第132页的写作示范。
> **叙述力**：故事线
> **技术力**：六种感觉（参见第54页）；比喻（参见第50页）；语言和复杂语言（参见第57页）

关于这两篇范文，你注意到了什么？它们的相同之处有哪些？不同之处有哪些？（范文1描述的是关于苹果的一些基本信息，范文2描述了苹果的外形，苹果摸起来感觉怎么样，苹果尝起来是什么味道，苹果闻起来是什么味道等。）

哪篇范文能够帮助你“看见”图画？为什么这一篇比另外一篇更好地帮助我们“看见”图画？为什么范文2能够帮助我们产生图像化？

鼓励学生在帮助产生图像化的词语下面画横线。

· 向学生解释：范文2的作者描绘了读者所熟悉的感觉，所以能更好地帮助读者“看见”图画。

好的作者能巧妙地使用文字，形象地描述物体的外形，使读者“看见”图画。图像化的意思是“可以看见”，有时候我们认为“图像化”单单指的是在头脑中看见图画，但其实“图像化”也包括了其他感觉在内。

大家一起头脑风暴六种感觉：视觉、听觉、味觉、嗅觉、触觉、内心感受（情绪）。

作为一名写作者，我们不仅要帮助读者“看见”我们所写的内容，也要帮助他们“闻”“尝”“摸”到我们所写的内容。

“交换词语”是同学之间互相分享文字的好办法，如果在同组人的词汇表上看到一个好的词，可以加到自己的词汇表里。作为交换，他们也必须分享自己词汇表上的一个词。

· 把“苹果图像化写作构思纸”（参见第132页）发下去，请学生一起头脑风暴关于苹果的感觉词语，每种感觉说出四到五个词来。等学生能独立想出几个词以后，请他们与其他同学分享。

第二课：写作

· 请学生在纸上写出一篇关于苹果的能引起读者图像化的文章，鼓励他们尽量使用刚才头脑风暴中想出的感觉词语。提醒学生不要简单地描述一个苹果，而是要使用文字“画”出一个苹果。鼓励学生在写作中多使用形象、有趣的词。为了帮助学生理解，教师可以举出一些例子来，比如关于味觉的词包括甜的、酸的、多汁的、多颗粒的、美味的、脆脆的。

第三课：集体讨论和编辑

· 让学生分组进行讨论，建议他们闭上眼睛听组员朗读，然后说一说自己“看见”这篇作品的感觉。在编辑修改的过程中，鼓励他们使用在本书第20页所学到的列表技巧，列出“3，2，1——开始修改！”或者“1，2，3，4——开始修改！”建议他们至少做出四条修改或润色。老师可以每周轮流与两到三名学生开会，一起修改。（参见第23页的写作力讨论记录。）

第四课：打印和分享

· 把学生的作品打印出来，如果他们愿意的话，可以在自己的作品上画上自己喜欢的图案。然后请两到三名学生在全班同学面前大声朗读自己的作品。

塞克史密斯小学五年级教师米歇尔·斯宾茨俄尔斯，把写作课和静物写生课结合在一起，他把一个真正的苹果带到课堂，让学生在写作之后，尽量准确地用笔画出一个苹果来。

初级写作者的故事线：苹果

鼓励小学阶段的孩子在写作时，使用比喻的修辞手法。可以使用本书第132页提供的范例，但对他们要求不要过高，每种感觉写出两到三个词即可。

画图 （描述苹果的形状和颜色）	画图 （描述你摸苹果时的感觉）	画图 （描述苹果闻起来是什么味道）	画图 （描述苹果的味道，以及和苹果有关的声音）

三、把季节图像化

参考书目：

关于四季的

John Burningham, *Seasons*（P）
约翰·伯宁汉姆 《四季》
Myra Cohn Livingston，*Calendar*（P, I）
米拉·科恩·利文斯通 《日历》
Bill Martin Jr., *The Turning of the Year*（P, I）
比尔·马丁 《季节的交替》
Il Sung Na, *Snow Rabbit, Spring Rabbit: A Book of Changing Seasons*（P）
艾尔·宋·纳 《雪天小兔，春天小兔：季节交替的故事》
Lynn Plourde, *Wild Child*（I）
林恩·卜劳德 《野孩子》
Eileen Spinelli, *Here Comes the Year!*（P, I）
依琳·斯宾内利 《看看这一年！》

关于秋天的

Lois Ehlert, *Red Leaf, Yellow Leaf*（P）
洛伊斯·爱尔特 《红树叶，黄树叶》
Douglas Florian, *Autumnblings*（P, I）
道格拉斯·佛罗瑞安 《秋日亮闪

闪谣》
Linda Glassner, *It's Fall – Celebrate the Seasons!*（P）
琳达·格拉斯内尔 《秋天来了——欢庆四季！》
Sebastian Meschenmoser, *Waiting for Winter*（P, I）
塞巴斯蒂安·麦什莫泽 《等待冬天》
Kelly Nidey, *When Autumn Falls*（P, I）
克里·尼德 《秋天来临的时候》
Heather Patterson, *Thanks for Thanksgiving*（P, I）
希瑟·帕特森 《感恩的季节》
Julia Rawlinson, *Fletcher and the Falling Leaves*（P）
茱莉亚·罗林森 《福莱特和落叶》
Cynthia Rylant, *In November*（I）
辛西娅·赖兰特 《十一月》
Eileen Spinelli, *I Know It's Autumn*（P, I）
艾琳·斯皮内利 《我知道秋天来了！》

关于冬天的

Jean Craighead George, *Dear Rebecca, Winter is Here*（I）
简·克雷德黑德·乔治 《亲爱的丽贝卡，冬天来了》
Denise Flemming, *The First Day of Winter*（P）
丹尼斯·弗勒明 《冬天的第一天》
Douglas Florian, *Winter Eyes*（P, I）
道格拉斯·佛罗瑞安 《冬天的眼睛》
Il Sung Na, *Brrr—A Book of Winter*（P）
艾尔·宋·纳 《哇——一本关于冬天的书》
Lynn Plourde, *Winter Waits*（I）
林恩·卜劳德 《冬的等待》
Barbara Seuling, *Winter Lullaby*（P）
芭芭拉·西陵 《冬天催眠曲》
Lauren Stringer, *Winter Is the Warmest Season*（P, I）
劳伦·斯特林格 《冬天是最温暖的季节》
Cynthia Rylant, *Long Night Moon*（I）
辛西娅·赖兰特 《漫漫长夜的月亮》
Nancy Van Laan, *When Winter Comes*（P, I）
南希·凡·莱安 《当冬天来临的时候》

关于春天的

Jan Carr, *Splish, Splash, Spring*（P）
简·卡尔 《春天水哗哗》
Douglas Florian, *Handsprings*（P, I）
道格拉斯·佛罗瑞安 《手心里的春天》
Linda Glassner, *It's Spring*（P）
琳达·格拉斯内尔 《春天来了》
Lynn Plourde, *Spring's Sprung*（I）
林恩·卜劳德 《春天的跃动》
Bob Raczka, *Spring Things*（P, I）
鲍勃·拉齐卡 《春天里的事情》

关于夏天的

Nina Crew, *One Hot Summer Day*（P, I）
妮娜·克鲁 《好热好热的夏天》
Douglas Florian, *Summersaults*（P, I）
道格拉斯·佛罗瑞安 《夏日狂欢节》
Linda Glassner, *It's Summer*（P）
琳达·格拉斯内尔 《这就是夏天》

Nikki McClure, *Mama, Is it Summer Yet?* (P)
尼基·麦克克鲁尔《妈妈，夏天到了吗？》

Lynn Plourde, *Summer's Vacation* (I)
林恩·卜劳德《夏天的假期》

第一课：构思

· 提醒学生好的读者在阅读过程中能产生图像化，而好的作者能通过文字帮助读者“看见”图画。

> **叙述力**：故事线
> **技术力**：比喻（参见第50页）；六种感觉（参见第54页）；语言和复杂语言（参见第57页）

· 教师尽量收集上面提供的参考书，然后把这些书分成五个类别：四季、春、夏、秋、冬，把全班同学也相应地分成五组，每组分配一种书。请每组同学花一点时间快速地阅读分配给他们的书，然后说一说这些书有什么共同点。请他们在其中一本书上找出最能帮助他们产生“图像化”的一个词或一个句子。

· 请每组同学概括出所看书的共同点，跟全班同学分享，也可以请他们大声地朗读他们最喜欢的能产生图像化的词语。教师可以建一张大表格，命名为“文字创造图画”，把学生们喜欢的词写下来。

· 把本书第133页和第134页提供的“季节图像化写作构思纸”双面打印，分发下去，请同学们先做关于季节的部分。给他们两分钟时间，快速地在每个类别下写出自己想到的词，这些类别包括颜色、声音、气味、活动、天气等。完成两个季节以后，同学们可以用一分钟时间进行“交换词语”（具体操作参见第106页的说明）。四个季节都完成后，请学生通读自己所写下的词语，然后选择其中一个季节作为写作主题，把这个季节写在这一面纸的最下方，然后把纸翻过来，在背面开始就选定的季节展开写作。

一个五年级学生所填写的季节表格。

秋天	
颜色√	活动√
黑色√	白天变短√
红色√	生日
棕色√	手工活动
白色	摘苹果
	迁徙
	散步
味道	天气
温暖√	风大√
西葫芦	明亮的小雨点√
南瓜	变冷
肉桂√	刮风√
吸引人的?	凉快√
流口水	树在风中跳舞√
声音√	气味√
树叶沙沙作响√	南瓜派
呼呼呼√	崭新的一天
帽子被吹飞了	一定要吃苹果
激动的声音	新鲜
安静√	农场
能看见的√	感觉

温暖的篝火	潮湿的树叶√
坚果√	寒冷
松鼠	为即将来临的春天感到激动
鸟儿往西方飞√	困
忧伤的脸√	饿
黑沉沉的灰暗	
	姓名：

第二课：写作

· 请学生互相分享自己写下的关于季节的词语。向他们解释：写作的主题是“季节”，写作的目标是帮助读者“看见”季节——让读者在阅读过程中产生身临其境的感觉，能够闻到、尝到、看到季节，而不仅仅是读一些关于季节的文字。提醒学生要用第一人称来写作，并且围绕“各种感觉”来组织和展开，每一段落围绕一种感觉展开，用一种主要句型把整个故事贯串起来。

· 范文：

教师示范

冬天

冬天，雪下得像仙子粉一样，院子里和公园里，到处都是长着石头嘴巴的东倒西歪的雪人。地上到处是零散的脚印，纵横交错。头顶上是厚重的灰色云层，我看见自己嘴里呼出来的幽灵一样的白汽瞬间消失在冷空气中。这就是我所看见的冬天。

我还能听见冬天。滑滑的山坡上传来欢笑声，还夹杂着尖叫，在冰冻的湖面上传播……

第三、第四课：

参见第106—107页。

初级写作者的故事线：季节

让小学生选择某一个季节为主题来写作，提醒他们要多描写细节。教师可以举如下例子。

教师示范

冬天，我看见棕色的树干上长着白白的树枝。我还看见公园到处都是雪人。这就是我看见的冬天。

在______（季节），我看见……	在______（季节），我听见……	在______（季节），我尝到……	在______（季节），我感觉到……

四、把天气图像化

参考书目：

下雪

Marion Dane Bauer, *Snow*（P）
马里恩·戴恩·鲍尔 《下雪天》
Nancy White Carlstrom, *The Snow Speaks*（P, I）
南茜·怀特·卡尔斯特罗姆 《雪的声音》
Ezra Jack Keats, *The Snowy Day*（P）
艾兹拉·杰克·季兹 《下雪天》
Wong Herbert Lee, *Tracks in the Snow*（P）
王·赫伯特·逸 《雪地里的脚印》
Lynn Plourde, *Snow Day*（P）
林恩·卜劳德 《雪天》
Cynthis Rylant, *Snow*（I）
辛西娅·赖兰特 《雪》
Komako Sakai, *Snow Day*（P）
酒井驹子 《雪天》
Alvin Tresselt, *White Snow, Bright Snow*（P, I）
阿尔文·崔塞特 《白雪晶晶》
Werner Zimmerman, *Snow Day*（I）
维尔纳·齐默尔曼 《雪天》

刮风

Frank Asch, *Like a Windy Day*（P）
弗兰克·阿什 《喜欢下雨天》
Halina Below, *The Windy Day*（P, I）
夏莲娜·贝洛 《刮风天》
Marie Hall Ets, *Gilberto and the Wind*（P, I）
玛丽·荷·艾斯 《吉尔伯托与风》
Anna Milbourne, *The Windy Day*（P, I）
安娜·米尔本 《刮风天》

下雨

Marion Dane Bauer, *Rain*（P）
马里恩·戴恩·鲍尔 《雨》
Karen Hesse, *Come On Rain*（P, I）
凯伦·海塞 《雨快点下吧》
Robert Kalan, *Rain*（P, I）
罗伯特·卡拉恩 《雨》
Wong Herbert Lee, *Who Likes Rain?*（P）
王·赫伯特·逸 《谁喜欢雨？》
Jonathan London, *puddles*（P, I）
乔纳森·伦敦 《小水洼》
Bill Martin Jr., *Listen to the Rain*（P, I）
比尔·马丁 《听雨》
Anna Milbourne, *The Rainy Day*（P）
安娜·米尔本《下雨天》
Mary Lyn Ray, *Red Rubber Boot Day*（P, I）
玛丽·林恩·雷《红雨鞋》
Alvin Tresselt,
阿尔文·崔塞特 《雨滴答滴答》

晴天

Donald Crews, *Cloudy Day–Sunny Day*（P）
唐纳德·克鲁斯 《多云天——晴天》
Alice Low, *Summer*（P）
爱丽丝·洛 《夏天》
Anna Milbourne, *The Sunny Day*（P, I）
安娜·米尔本 《晴天》
Cynthia Rider, *Sunny Day*（P）
辛西娅·赖德 《晴天》
Eileen Spinelli, *Heat Wave*（P, I）
艾琳·斯皮内利 《热浪》

第一课：构思

· 提醒学生：好的作者可以让读者产生图像化，问问他们怎样才能帮助读者图像化。

· 把准备好的参考书分发下去，让他们花一点时间阅读，找出其中能产生“图像化”的例句来。问问他们这些书的共同点有哪些（这些书是关于不同天气的）。然后指出本周写作的重点是关于天气。

· 把“天气图像化写作构思纸”发下去（参见第135页），大家可以一起头脑风暴，想出一些和天气有关的词语，

> **叙述力**：故事线
> **技术力**：使用第三人称写作（参见第58页）；语言和复杂语言（参见第57页）；六种感觉（参见第54页）

共同完成写作构思纸上的第一部分，这些词可以是关于颜色、质地、感觉、情感等。每个方框内容给他们一分钟时间，完成后与同桌分享。完成这部分以后，每个学生选择一种天气作为自己写作的主题。然后大家一起头脑风暴，想出和感觉有关的词语，共同完成下一部分。

第二课：写作

· 教师看完写作构思纸后，返给学生，然后让他们相互分享自己的写作构思。也可以让他们自由组合，找到选择同样主题的学生，进行“词语交换”。

· 再次提醒学生：好的作者能帮助读者产生图像化。向他们解释接下来他们将会学习拟人化的写作技巧，来达到这个目标。

今天我们将要学习将天气拟人化，使用第一人称的方式写出来，意思是要用“我”来表示天气。像我们之前描写天气一样，我们要用一种主要句型，围绕六种感觉来写作。

在学生写作之前，给他们分发关于如何使用人称的资料（参见第58页）。

· 鼓励学生把各自的想法综合在一起，比如：天气看起来怎么样？你能看见一些什么样的动作？听起来和摸起来是什么样子？尝起来和闻起来是什么样子？人们会说些什么？或者人们的感觉是怎么样的？主要句型可以很简单，比如：“我是____”。

· 范文：

教师示范

我是雪，又冷又白，我悄悄地落在草地上。我覆盖了绿色的草地，把白色的毯子盖满大街小巷。我给很多人带来了欢乐，也给很多人带来了烦恼。我给孩子们带来了欢乐，我把上学的日子变成了下雪的日子。我是雪。

一个四年级学生写的范文。

> **雨**
>
> 我是雨，我从灰色的云层里落下来，把人行道变成黑色。春天，我帮助花儿生长，冬天，我能把积雪融化。有时候，你准备外出野餐时，我碰巧从天而降，把你的野餐计划都破坏掉。在我的朋友太阳的帮助下，我能在天上搭起彩虹。有时候，我发出轰隆隆的打鼓声，有时候，我发出滴答滴答的声音，有时候我在你的窗户上咚咚地敲。有时，你想睡觉了，我却发出滴答的声音。（嘿！嘿！）我给人们带来饮用水，连水龙头都不要。不管你喜不喜欢我，反正我就在这里。我就是雨！

第三、第四课：

参见第106—107页。

初级写作者的故事线：天气

即使是年幼的写作者也能掌握不同的写作技巧，在文中使用不同的人称，所以小学老师可以适当改造这堂写作课。

我是____， 我____。 （描述一下天气看起来怎么样——颜色、形状等。）	我是____， 我____。 （描述一下天气做了些什么，是怎么做到的。）	我是____， 我____。 （描述一下天气听起来怎么样，尝起来怎么样。）	我是____， 我____。 （描述一下天气感觉起来怎么样。）

五、把特殊的地点图像化

参考书目：

Margaret Wise Brown, *Big Red Barn*（P）
玛格利特·怀斯·布朗 《大红谷仓》
Laurel Croza, *I Know Here*（I）
罗瑞尔·克罗扎 《我知道这里》
Ralph Fletcher, *When Twilight Comes Twice*（I）
拉尔夫·弗莱彻 《当黄昏第二次来的时候》
Nancy Hundal, *Camping*（I）
南希·亨达尔《露营》
Nancy Hundal, *Prairie Summer*（I）
南希·亨达尔 《大草原上的夏天》
Norton Jester, *Hello, Goodbye Window*（P, I）
诺顿·贾斯特《神奇的窗子》
Patricia MacLaughlan, *All the Places to Love*（P, I）
派翠西亚·麦克拉克伦 《心之所系》
Jesse S, Ostrow, *My Garden*（P）
杰西·S. 奥斯特罗夫 《我的花园》
Gary Paulson, *Canoe Days*（I）
盖瑞·保尔森 《独木舟上的日子》
Dave Pilchy, *The Paper Boy*（P, I）
戴夫皮尔奇 《小报童》
Pam Munroz Ryan, *Hello Ocean*（I）
帕姆·蒙罗斯·赖安，大海，你好！
Margaret Ruirs, *When We Go Camping*（P, I）
玛格利特·卢斯 《当我们露营时》
Cynthia Rylant, *Night in the Country*（P, I）
辛西娅·赖兰特 《乡村的夜晚》
Cynthia Rylant, *When I Was Young in the Mountains*（P, I）
辛西娅·赖兰特 《山中旧事》
Paul Showers, *The Listening Walk*（P）
保罗·肖沃斯 《聆听街》
Rosemary Wells, *Night Sounds, Morning Colors*（P）
罗丝玛丽·威尔斯 《夜晚的声音，清晨的色彩》
E.B.White, *Charlotte's Web* (description of the barn)（I）
E.B.怀特，夏洛的网（关于谷仓生活）
Kari-Lynn Winters, *On my Walk*（P）
卡里林恩·温特斯 《途中》
Andrey Wood, *There's The Sea*（P）
奥德雷·伍德 《这就是大海》
Charlotte Zolotow, *The Seashore Book*（I）
夏洛特·佐洛托 《海滨书》

第一课：构思

·提醒学生要集中精力，写出能图像化的文字来。

写作者要仔细思考，如何选择恰当的文字，来帮助读者产生图像化。

> **叙述力**：故事线
> **技术力**：重复句（参见第54页）；六种感觉（参见第54页）；比喻（参见第50页）；情感表达（参见第55页）

· 和学生一起阅读上述参考书目中的几本，问问他们是否发现了其中的共同之处（这些书都是关于某个地点的）。然后给他们读其中的一本，但不要给他们看书上的图片，提醒学生注意其中能够产生图像化的词语或短句，在听的过程中用头脑去"看"这个故事。读完以后，请学生和大家分享自己"看到"的印象最深的画面。可以这样提问：你"看见"了什么？哪些词让你"看见"了图画？

· 向学生说明：这些参考书都是关于某个特别的地方的，这些地方都对作者有着特殊的意义。作者在书中都运用了大量的细节描写，正是这些细节帮助读者产生了图像化。

· 请学生到自己的记忆仓库中去寻找对自己有特殊意义的地方。

比如说：你所居住的房子、你的卧室、你的床、后院中你最喜欢的一个地方、你爷爷居住的房子、你阿姨居住的房子、某个夏天的度假地、你最喜欢的露营地点、冰球场、一个你很熟悉的公园。你选择的地方，必须是你曾经待过一段时间的很熟悉的地方。

让学生尽量不要选择范围很大的地点，比如迪士尼乐园或者大的购物广场。鼓励他们尽量选择一些自己熟悉的对自己有特殊意义的地方。让学生互相分享这个特殊的地点，以及说一说这个地点为什么对自己有特别的意义。

· 练习

请大家闭上眼睛，在头脑里想象属于你的特殊的地点。如果你想的是一个房子，那么请你进到房子里面去；如果你想的是一个公园，那么请你进到公园里面去；如果你想的是你居住的社区，那么请沿着街道往前走。看看你的四周，你看见了什么？你听见了什么声音？你能闻到什么吗？你能尝到什么味道吗？你的心情是什么样的？如果你在这个特别的地方，你的脑子里会有些什么想法呢？

- 请学生和组员分享属于自己的特殊的地点：所看到的、听到的、尝到的、闻到的，以及内心感受。
- 把“特殊的地点图像化写作构思纸”分发下去（参见第136页），提醒学生把之前图像化练习时想到的东西写下来。

一个五年级学生写的范文。

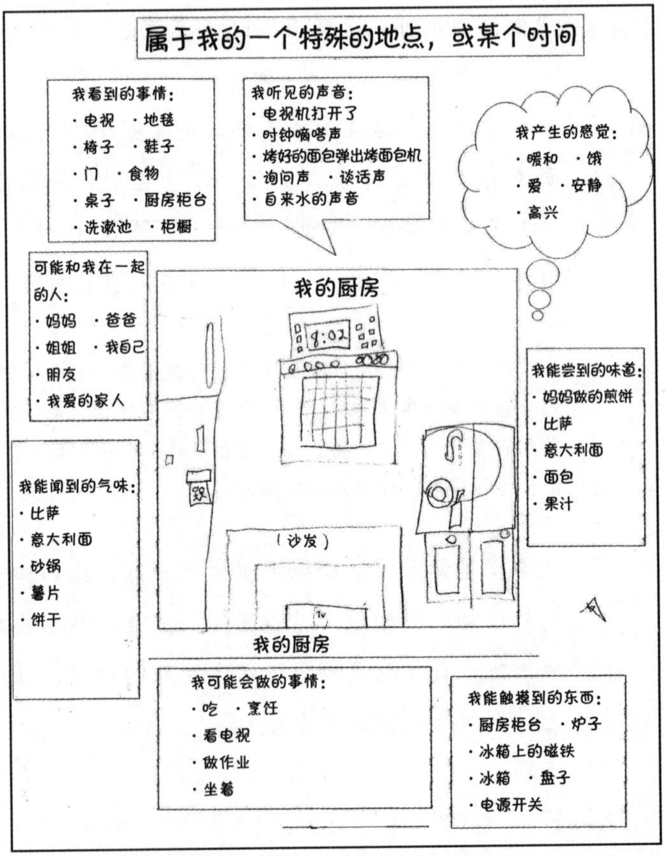

第二课：写作

- 开始写作之前，请学生回想前一天他们选定的地点，并说明今天将使用上一节课完成的写作构思纸来进行写作。
- 大家一起讨论参考书上的一些主要句型：

  "我知道这里……"
  "当我年轻的时候，山上……"
  "你能在别的地方……"

- 教师用自己的写作构思纸上列出的主要句型和想法，写一篇范文，然后读给学生听，提醒他们着重听其中的主要句型，以及与感觉有关的词语。

教师示范

属于我的特殊的地点

我所知道的家，就是指我居住的地方——包括我的房子，还有所有属于我的东西。我熟悉前院那些宽大的台阶，可以一直延伸到我的门廊。我还熟悉从门口看到的山是什么样子的——夏天的山是蓝色的，冬天的山是灰色的，还点缀着很多白雪。我还知道进门处堆着很多人的鞋子……看起来就像鞋子们在寻找自己的另一半，或者等待着一双合适的脚。我还熟悉小狗贝利的爪子挠在硬木地板上发出的声音，还有它扭着毛茸茸的屁股出来迎接我时发出的声音。它已经扭着小屁股出来迎接我好几百次了，可是每一次我还是会感到非常开心。我还熟悉家里其他的声音——笑声、打呼声、高兴的喊声（有时候是生气的叫嚷声）、音乐声、电视声、喊喊喳喳的说笑声，还有一片静寂。我熟悉这个厨房——留言板上贴满了学校的通知、照片、零用钱分配表、手工作品、家庭作业、棒球和冰球的比赛时间表，还有涂满了各种色块的日历，有时候这些东西看得我头晕。我熟悉家里的味道——肉桂面包的香味、巧克力饼干的味道、炉火的味道、小狗皮毛打湿了的味道，还有冰球球具发出的汗臭味。我熟悉这个地方，我爱这个地方，这个地方就是我的家。

- 请学生们开始写作，鼓励他们把自己置身于所描写的地点，提醒他们要尽量选择能引起"图像化"的文字来描写，也要鼓励他们一个五年级学生写的范文。

我知道这里

我知道这里，我在这里见过刚生下来的小鸟，我在这里见过蝴蝶优雅地飞过，还有很多小孩子骑着自行车穿过街道。这个地方对我来说很特别，我能听见两边邻居家的小狗汪汪地叫着，看见它们高兴地摇着小尾巴。我还能听见海鸥和老鹰互相冲着对方嘎嘎地叫着，它们太吵了，我不得不制止它们："别叫了，太吵了！"我还能听见邮递员关上邮箱门的声音，还有小孩子们的尖叫声。这个地方对我来说很特别，我能闻到后院鲜花的香味，还能闻到从邻居家传来的烤汉堡包和烤热狗的香味。在这个特殊的地点，我能感觉到风拂过我的胳膊，光滑的小草掠过我的小腿。有时候我的表哥会过来和我一起玩，当我们玩得正高兴的时候，我的邻居会停下来跟我们打招呼："下午好！"

采用多样化的句型，避免单一地使用"我看见这个……""我看见那个……"。

第三、第四课：

参见第106—107页。

初级写作者的故事线：属于我的特殊的地点

属于我的特殊地点是……（说明在哪里，是个什么样的地方，为什么特殊。）	在我的特殊地点，我能看见……	在我的特殊地点，我能听见（闻到）……	在我的特殊地点，我能感觉到……

六、把想象的地点图像化

参考书目:

Kevin Henkes, *My Garden*（P）
凯文·亨克斯 《我的花园》
Anne Mazer, *Salamander Room*（P, I）
安妮·梅兹尔 《小蝾螈睡哪里》
James Mayhew, *Starlight Sailor*（P）
杰姆斯·梅休 《星光航海员》
Eric Rohmann, *The Cinder-Eyed Cats*（P, I）
埃里克·罗曼 《煤球眼小猫咪》
Sarah L, Thomson, *Imagine a Place*（I）
萨拉·汤姆森 《假如有一个地方》
Douglas Wood, *A Quiet Place*（I）
道格拉斯·伍德 《一个安静的地方》

第一课：构思

· 提醒学生要集中精力，写出能产生图像化的文字来。问问学生是否知道作家的写作灵感从哪里来。复习前面学习过的“大脑仓库”（参见第33页），向学生解释：不同的写作主题来自不同的“大脑库”。

> **叙述力**：故事线
> **技术力**：重复句（参见第54页）；比喻（参见第50页）；添加细节（参见第48页）；语言和复杂语言（参见第57页）

在进行科普题材的写作时，我们需要用到大脑中的“事实仓库”。如果写作的主题是关于友谊或情感，我们则需要用到大脑中的“记忆仓库”。在今天的课上，我们的写作需要用到大脑中的“想象仓库”。

· 大家一起分享上面提到的参考书，提醒学生注意书中的主要句型，例如“假如有一个地方……”“在我的花园里……”。

· 向学生说明：这周的写作课将集中描写一个想象的地方，可以是一个想象中的花园、森林、池塘、公园、雨林或者草地。提醒他们：当我们描写某一个地方时，细节描写是必不可少的，细节能帮助读者产生身临其境的感觉。另外，在描写的时候要思路清晰，以免读者产生疑惑。

- 大家一起头脑风暴，想出三到四个切入点，来描写想象中的地方。

  - 这地方看起来怎么样？（颜色、动物、植物）
  - 在这里你能尝到和闻到些什么？
  - 在这里会发生些什么有趣或不同寻常的事情？
  - 这里曾经发生过什么事情？

- 图像化练习：请学生闭上眼睛，想象一个地方。

  你能看到什么？闻到什么？听到什么？想象你自己在这个地方散步，环视周围的景色。往上看看，往下看看，你能看到什么有趣或者不同寻常的事情？

  提醒学生：这个地方必须是完完全全存在于你想象中的，而不是一个随处可见的普通的地方。

- 把“想象的地点图像化写作构思纸”（参见第137页）发下去，请学生把刚才“图像化练习”中的一些想法写下来，不需要写下整个句子，提炼出关键词即可。

第二课：写作

- 教师看完写作构思纸以后，返回给学生，然后让他们相互分享自己的写作构思。向学生说明这堂课将运用到的写作技巧包括：比喻、添加细节、重复句、语言和复杂语言。鼓励他们围绕构思纸上的一些想法展开描写，在描写过程中添加有趣的细节，而不要流水账式地记录。

·范文：

教师示范

我的花园

就算别的地方都下着倾盆大雨，阳光也会洒在我的花园的每个角落里！在我的花园里，花儿长得像树一样高，草莓像沙滩排球一样大！在我的花园里有一棵有趣的树，随便你说出一种水果的名称，这棵树上就会马上长出这种水果来。在我的花园里，如果我把英文字母种下去，马上就会长出很多书来。有一次，我摘下一本书，躺在一朵巨大的郁金香上面，给小鸟们读书。麻雀们喜欢安静的书，乌鸦们喜欢听笑话。在我的花园里，虫子和毛毛虫一起玩跳棋，虫子总是赢！在我的花园里，蝴蝶在我的耳朵边飞来飞去，讲一些秘密给我听。有时候我的花园里会下柠檬汁味儿的雨，棉花糖味儿的雪。我的花园还会出现彩虹，彩虹尝起来有很多种味道！

第三、第四课：

参见第106—107页。

初级写作者的故事线：我的想象花园

在我的花园里，我看见……	在我的花园里，有……（平时花园里都有些什么）	在我的花园里，如果我种下……会长出……	又一次，在我的花园里……

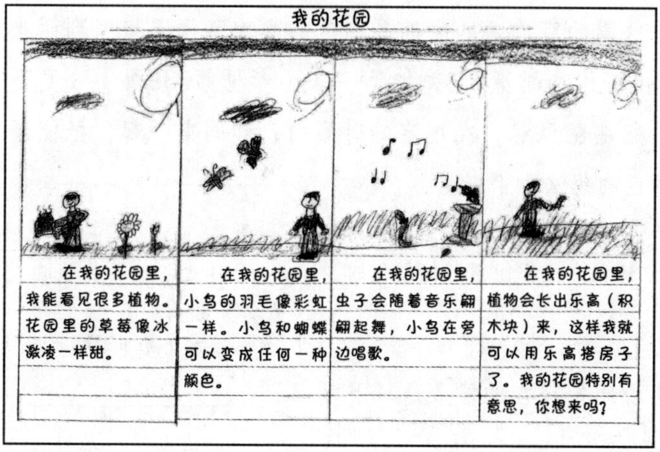

一个二年级学生写的故事线。

七、把颜色图像化

参考书目:

Menena Cottin, *The Black Book of Colors*(P, I)
梅米娜·哥登 《一本关于颜色的黑书》
Jimmy Liao, *Sounds of Color*(I)
吉米·里奥 《颜色的声音》
Mary O'Neil, *Hailstones and Halibut Bones*(P, I)
玛丽·奥内尔 《冰雹和大比目鱼骨头》
Dr.Seuss, *My Many Colored Days*(P)
苏斯博士 《多彩的日子》
Joyce Sidman, *Red Sings From the Treetops: A Year in Colors*(I)
乔伊斯·席德曼 《树顶上的红色歌声:一年的颜色》
Audrey Wood, *There's the Sea: A Book of Colors*(P, I)
奥德雷·伍德 《这就是海:一本关于颜色的书》

第一课:构思

- 提醒学生要集中精力,写出能产生图像化的文字来。问问他们是否还记得怎么才能帮助读者产生图像化。选择参考书中的一至两本给学生读,请他们在听的过程中用自己的大脑去"看",然后和大家分享自己头脑中"看到"的画面。最后问问他们这些参考书有什么共同的特点(都是关于颜色的)。
- 向学生说明这周的写作课的主题是颜色。这次写作课将用到两张"颜色图像化写作构思纸",先把第一张(参见第138页)分发下去,大家一起头脑风暴,在规定的时间内,和同桌一起,把能想到的关于颜色的想法写下来。

> **叙述力**:诗歌
> **技术力**:六种感觉(参见第54页);语言和复杂语言(参见第57页)

请在一分钟之内把你能想到的红色的东西写下来,开始!

向学生说明:现在的任务是写下

“肯定是红色”的东西，而不是“可能是红色”的东西。比如：不要写下“红色蜡笔”，因为蜡笔也有可能是别的颜色。

· 头脑风暴这个环节完成以后，请学生选定某一种颜色为主题来写作。然后把第二张写作构思纸（参见第139页）分发下去。

· 范例：

红色

教师示范

视觉层面的 草莓、心脏、血液、玫瑰、树莓、火车头、西红柿、加拿大国旗	**嗅觉层面的** 草莓的甜香味、苹果清香、樱桃的甜香味、危险的火、清香的玫瑰、红椒的甜味	**听觉层面的** 跳动的爱心、危险提示音、血液流动声、火车轰隆声、火噼啪声、采草莓的声音
味觉层面的 甜甜的草莓、酸的蔓越莓、萝卜的苦味、脆而多汁的苹果、甜而耐嚼的甘草	**触觉层面的** 火热的火、伤口柔软的拥抱、带刺的玫瑰	**感情心理层面的** 爱、停止标识、危险

第二课：写作

· 教师看完写作构思纸以后，返回给学生，然后让他们相互分享自己的写作构思。

· 向学生说明：这节课的主要任务是写一首关于颜色的诗，要把人的各种感觉都体现在诗里，并且诗里要出现对比的关系。提醒学生用写作构思纸上列出的想法来写作。

· 范文：

红色

教师示范

红色有时是甜甜的，是甜甜的草莓。
红色有时很刺鼻的，是熟透了的西红柿。

红色有时很安静，是加拿大的国旗在微风中轻轻摇摆。红色有时很吵闹，是救火车呼啸着穿过街道。

红色有时很光滑，是苹果的表皮。红色有时很粗糙，是玫瑰上扎手的刺。

红色是爱和温暖，也是愤怒和危险。

和学生一起讨论范文中出现的感觉，以及对比关系。

· 请学生开始写作，提醒他们诗和散文的区别：诗不像散文那样，是分行的。

一个四年级学生写的范文。

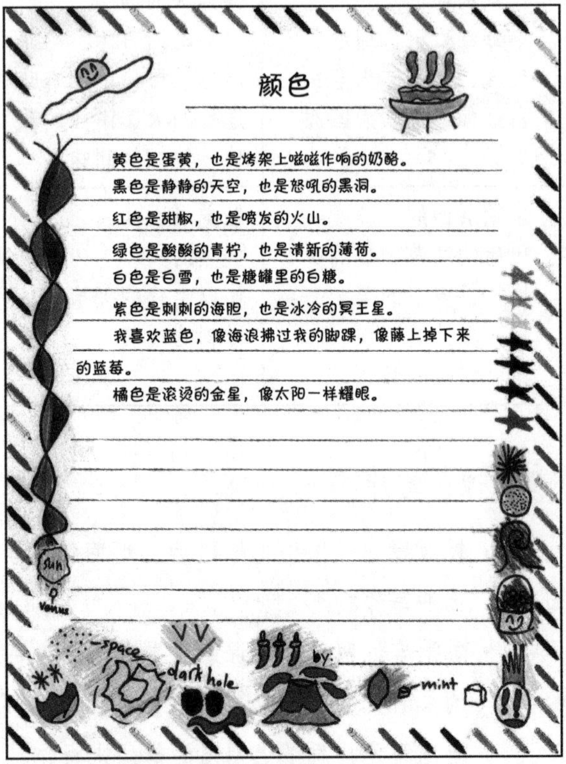
颜色

黄色是蛋黄，也是烤架上嗞嗞作响的奶酪。

黑色是静静的天空，也是怒吼的黑洞。

红色是甜椒，也是喷发的火山。

绿色是酸酸的青柠，也是清新的薄荷。

白色是白雪，也是糖罐里的白糖。

紫色是刺刺的海胆，也是冰冷的冥王星。

我喜欢蓝色，像海浪拂过我的脚踝，像藤上掉下来的蓝莓。

橘色是滚烫的金星，像太阳一样耀眼。

第三、第四课：

参见第106—107页。

八、把人物图像化

参考书目:

Roald Dahl, *Charlie and the Chocolate Factory,* description of Willy Wonka（P, I）

罗尔德·达尔 《查理和巧克力工厂》（其中关于威力·旺卡的描写）

Roald Dahl, *BFG,* description of BFG (late P, I)

罗尔德·达尔 《好心眼儿巨人》（关于友好的大巨人的描写）

Roald Dahl, *James and the Giant Peach*, description of Aunt Spike and Aunt Sponge（P, I）

罗尔德·达尔 《詹姆斯与大仙桃》（关于大头钉阿姨和海绵阿姨的描写）

Roald Dahl, *The Witches*, description of the witch（P, I）

罗尔德·达尔 《女巫》（关于女巫的描写）

J.K.Rowling, *Harry Potter and the Philosopher's Stone*, description of Dumbledore（P, I）

J.K.罗琳,《哈利·波特与魔法石》（关于邓布利多的描写）

第一课：构思

- 提醒学生要集中精力，写出能产生图像化的文字。从上述的参考书目中选择一至两个有代表性的人物，读给学生听，请学生在听的过程中用脑子去“看”。然后和同桌分享自己脑海中“看到”的人物形象。

> 罗尔德·达尔是描写人物最优秀的作家之一，读他的文字，你会觉得他笔下的人物就生动地站在你的面前。

- 大家一起讨论，刚才读的内容主要是关于什么的？（描写某个具体的人物。）为什么作者的描写能让我们很容易就“看见”这个人物呢？帮助学生意识到：好的作者在写作的过程中，能把笔下的人物描写得栩栩如生，清晰可见。

这周的主要学习内容是创造出可图像化的人物形象。

- 大家一起头脑风暴，想一想：如果要创造出栩栩如生的人物，我们需要对人物进行哪些特征的描写呢？比如：身高，体形、发型、发色、眼睛、鼻子、嘴巴、衣着、声音、兴趣爱好，还有一些独特的特质（如伤疤、刺青等）。

叙述力：平路故事
技术力：比喻（参见第50页）；添加细节（参见第48页）；语言和复杂语言（参见第57页）；第一印象（参见第60页）

- 在描写人物的时候，有四个方面是必须注意的：

根据学生的识字程度，教师在读参考书的过程中，可以把一些关于人物的描写投影在教室前面，让学生有更直观的印象。

物理特征 指的是人物看起来是什么样的：身高、体形、肤色、眼睛、头发等。

人格特征 指的是人物的心理特点：聪明、焦虑、生气等。

运动特征 指的是人物的行为：蹒跚、跺脚等。

独有的特征 指人物独有的特征：如拄着拐杖、跛足、不对称的眉毛等。

- 向学生说明他们接下来的写作任务：描写一个人物。这个人物必须是虚构的，如《查理和巧克力工厂》中的威力·旺卡,《哈利·波特与魔法石》中的邓布利多，或者《詹姆斯与大仙桃》中的詹姆斯。低年级的孩子通常想要描写漫画中的一个著名超级英雄，但在这堂写作课上是不允许的。让学生先想想他们的人物是男是女，然后给这个人物取一个名字。可以这样启发他们：就算是一个虚构的人物，也是基于作者的亲身经历创造出来的。作者通常在自己的记忆仓库中搜索有特点的人物，把不同人物的特点组合在一起，创造出虚构的人物。

· 把“人物图像化写作构思纸”分发下去（参见第140页），让学生在纸上写下关于人物的一些特点。如果能让他们在纸上把自己的人物先画下来，会更好地帮助他们提炼人物的特点。

第二课：写作

· 教师看完写作构思纸以后，返回给学生，然后让他们相互分享自己的写作构思。向学生说明接下来的写作任务：根据自己以前的经验，来描写一个人物。

请给你的人物起一个名字，把人物放在某一个环境当中，并且给这个人物加上一些动作。

· 读范文。帮助学生意识到：在描写人物的特点时，要多注意细节的描写，多使用比喻的修辞手法，不要流水账式地叙述。

教师示范

流水账式的叙述

波维斯身高约一米二，他戴着一顶橙色的帽子，穿着一件长长的绿色大衣。他长着黑色的头发，有一双小小的绿色眼睛。他穿着紫色的裤子，脚上穿着棕色的靴子。他手里拿着一把钥匙，他走路走得很快。

有细节的描写

这个人的名字叫作波维斯，他站起来大约有一米二高。他头上歪戴着一顶橙色的帽子，帽子下面的头发向各个方向凌乱地散开，就像一根根甘蔗一样。他那双绿色的小眼睛一直乱转，就好像他突然看见了什么奇怪的事情一样。他身上的绿色外套太长了，走路的时候总是拖在地上。他的左手拿着一把大的黑钥匙，走路的时候他使劲挥舞着那把大钥匙，好像在赶一只看不见的蜜蜂。他在木头路上飞快地走着，看起来很焦急，绿眼睛在眼眶里转来转去，钥匙一直在手里舞动。

和学生一起讨论上面两段话的区别，哪一段话更生动呢？在第一段描写中，作者只是列出了一系列的人物特征，在第二段描写中，作者运用了比喻的修辞手法，加入了大量的细节，这些可以帮助读者“看见”波维斯这个人。鼓励学生学习第二种写作技巧。

第三课：集体讨论和编辑

- 让学生分组进行讨论，建议他们闭上眼睛听组员朗读，然后说一说自己“看见”这篇作品的感觉。在编辑修改的过程中，鼓励他们使用在本书第20页所学到的列表技巧，列出“3,2,1——开始修改！”或者“1，2，3，4——开始修改！”建议他们至少做出四条修改和润色。

> 有趣的事实：通常来说，一本书的作者和插画者是互不相识的，他们更不会见面讨论故事中的人物。插画者仅仅凭作者的文字，就可以把作者笔下的人物传神地画出来。

- 同桌之间交换作品阅读，并且根据自己对对方作品的理解，把同桌作品中的人物用笔画下来。
- 画完以后，给大家展示自己画下来的人物，并且说出自己在画图过程中的一些感觉，比如：“我不知道这个人的头发是什么颜色的。”作者可以根据这些建议，发现自己漏掉了哪些细节，以便更好地修改文章。

第四课：打印和分享

参见第107页。

初级写作者的故事线：图像化一个人物

人物的名字、外貌	描述人物的穿着	人物的动作	人物的性格特征

九、把想象的事物图像化

这一堂写作课，请学生到自己的想象仓库中寻找素材，创造一种非人类的生物，写作的步骤和上一堂课所学习到的一样。

参考书目：

Jez Alborough, *Watch Out! Big Bro is Coming*（P）
杰兹·阿波罗 《小心！大家伙来了！》

Lewis Carroll, *Jabberwocky*（I）
李维斯·卡罗尔 《絮絮叨叨》

Robert Heidbreder, *I Wished for a Unicorn*（P）
罗伯特·海德布雷德 《我想要一只独角兽》

Jackie Morris, *Tell Me A Dragon*（P, I）
杰基·莫里斯 《跟我讲讲龙的故事》

Il Sung Na, *The Thingamabob*（P）
艾尔·宋·纳 《怪东西》

Ogden Nash, *The Wendigo*（I）
奥登·纳什 《雪怪温迪戈》

Harve and Margot Zemach, *The Judge*（P, I）
哈弗·塞蒙克和马高特·塞蒙克《法官》

一个二年级学生写的范文。

我的龙

我的龙皮肤是绿色的，背上长着锯齿状的翅膀。她的眼睛是棕色的，鼻孔是椭圆形的。她的翅膀像纸巾一样薄。	我的龙能像一个溜冰运动员一样溜冰，还能像足球运动员一样踢足球。我的龙喜欢用嘴向我喷出很多花朵来。	我的龙像一个小丑一样，总是使我哈哈大笑。她喜欢朝我做鬼脸，还像吹泡泡机一样发出好笑的声音。	我的龙非常特别，她喜欢帮助别人，还能逗别人发笑。我爱我的龙。

苹果范文

范文1：苹果

苹果生长在树上。苹果有的是绿色，有的是红色，有的是黄色，有时候苹果上还会出现一些棕色的斑点，那样就表示苹果有一点变坏、变软了。我们可以用苹果来做苹果派、苹果酱、苹果汁，还有苹果口味的酒。苹果的种类也很多，有富士苹果、香蕉苹果等。有些苹果很甜，有些苹果很酸，而且不脆。苹果对我们的健康很重要，有句俗话说："一天一个苹果，医生远离我。"苹果对我们的牙齿也很有好处，当你忘记刷牙的时候，苹果能帮助清洁你的口腔。如果我们把苹果切开，可以看到里面的籽和核，不过那些可不能吃哟。

范文2：苹果

我把苹果捧在手里，感受着指尖传来的丝丝清凉。红色的果皮上透着点点明黄，好像太阳照耀下来一样。仔细再看，在果皮的另一半上还点缀着点点棕色和绿色，那是秋天最美丽的颜色。我凑过去，深深地吸了一口气——凉凉的，还很清香。我轻轻地咬了一口，能听到清脆的声音，咀嚼的时候能感到果肉和果皮在牙齿间舞动，唇齿留香，那是秋天的味道。如此美妙的感觉，让我忍不住想再咬一口。

苹果图像化写作构思纸

姓名：______________________

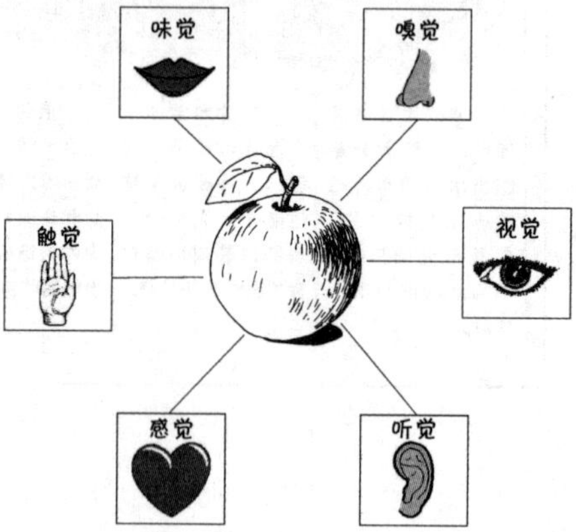

季节图像化写作构思纸

姓名：________________

秋天……

冬天……

春天……

夏天……

选择一个季节，以及一个月份，作为写作的主题。

季节：________________

季节图像化写作构思纸（续表）

颜色	天气	活动

味觉	视觉	听觉

嗅觉	感觉

天气图像化写作构思纸

姓名：______________________

大家一起头脑风暴，想出和每种天气有关的词语，类别包括颜色、心理活动，以及触觉、味觉等各种感觉。

下雪	下雨	刮风
晴	起雾	多云

然后选定某一种天气，作为图像化写作的主题。写在这里：______________________

想出和下面每种感觉有关的词语，并写下来：

视觉	听觉	嗅觉	味觉	触觉	心理活动
______	______	______	______	______	______
______	______	______	______	______	______
______	______	______	______	______	______
______	______	______	______	______	______
______	______	______	______	______	______
______	______	______	______	______	______
______	______	______	______	______	______

特殊的地点图像化写作构思纸

姓名：________________

我能看见：

我能听见：

我能感觉到：

我能看见的人：

把这个地点画出来：

我能尝到：

我能触摸到：

我能做：

想象的地点图像化写作构思纸

姓名：＿＿＿＿＿＿＿＿＿＿＿＿＿＿＿＿

在这个地点，你能看到（颜色、植物、动物、昆虫等）＿＿＿＿＿＿

在这里，你能听到、闻到＿＿＿＿＿＿

这个想象的地点是＿＿＿＿＿＿＿＿＿＿

有一次，在这个地点＿＿＿

在这里，经常发生＿＿＿＿＿＿＿＿

颜色图像化写作构思纸

姓名:________________

在每一种颜色的格子里，写出和这种颜色有关的词语，包括动物、昆虫、水果、蔬菜和其他物品等。

绿色	黄色
蓝色	橙色
黑色	红色
紫色	白色

颜色图像化写作构思纸（续表）

姓名：____________________

视觉 	听觉 
嗅觉 	味觉 
触觉 	感情心理 

人物图像化写作构思纸

姓名:________________

这个人物是:　　□ 想象的　　□ 真实的

这个人物是:　　□ 男性　　□ 女性

这个人物的名字是:________________

描述一下你的人物特点:

物理特征:你的人物看起来是什么样子的,如身高、体形、肤色、眼睛、头发等。

人格特征:你的人物的心理特点,如聪明、智慧、焦急、生气等。

运动特征:人物运动时的特征,如蹒跚、跺脚等。

独有的特征:人物与众不同的特点,如拄着拐杖、跛足不对称的眉毛等。

头发 发色、长度、发型	眼睛 颜色、形状	衣着/款式	皮肤
______ ______ ______	______ ______ ______	______ ______ ______	______ ______ ______
人格特征	**运动特征**	**独有的特征**	**背景环境**
______ ______ ______	______ ______ ______	______ ______ ______	______ ______ ______

第九章　引导读者提问和推测

> 一个好的读者不在于他说出什么，而在于他自言自语些什么。
> ——罗根·皮尔萨·史密斯

研究表明：好的读者在读书的过程中会提出问题。有一类故事和别的故事相比，能使读者产生更多的问题。在阅读平路故事（参见第38页）的时候，读者通常不会有太多的疑问，因为故事情节简单明了。在阅读爬坡故事的时候，读者会产生很多疑问，比如："发生了什么事情？""为什么会发生这件事情？""人物的心理活动如何？"有的作者在讲一个有趣的故事时，会有意识地省略掉一些片段，这就会使读者产生疑问："发生了什么？""为什么？""怎么发生的？"一旦读者产生了这样的疑问，就会促使他们带着疑问往后读，直到找到答案为止。另外还有一种情况是，作者在文中不会明确给出答案，读者要根据自己对故事的理解，来推测答案，这种推测答案的过程，就叫作"推测"。阅读引发我们思考，比如："为什么她会那么做呢？可能是……"就是这种"可能"促使我们进一步阅读，以及加深理解。

在我看来，提问和推测是两个不可分的过程——当我们提出的问题不能在书中找到答案时，我们便开始推测。当某种"不确定性"产生的时候，我们便开始推测出种种"可能性"。无字的绘本是让学生进行推测训练的最好材料，因为没有文字的支持，所以学生只能通过推测来理解故事。在教学过程中，我有意识地寻找那些描写细致并恰到好处的书。这类书的作者写作技巧非常高超，讲故事耐人寻味，能引起读者的好奇心，吸引他们一直读下去。

在之前的教学过程中，我们曾训练学生细节描写和举例子的能力，这些能力就是从读者的角度出发的。所以在这一章的课程中，我们要训练学生站在作者的角度，写出能引起读者提问和推测的文章。

> 写长篇故事比短篇故事容易得多。
> ——以赛亚·梅尔

一、从思考力到提问和推测

这一章的很多写作技巧与之前学习过的有所不同，这一章的学习目的是，尽量通过少量的文字，来讲述一个完整的故事，因此，“故事线”这一写作技巧不适用于这一章。小学生喜欢通过图画来表现自己想要说明的内容，这一章的课程中，我们会教学生画一些能使读者产生推测的图画。学生们将学会从自己的记忆仓库和想象仓库中提取素材，写出能引发读者进行推测的文章来。

> 在阅读的过程中，提问和推测通常是同时出现的。所以我们这一章会训练这两个方面，前几节课我们着重于给读者创造疑问，后几节课着重于使读者产生推测。

第一课：什么样的故事能引发读者提问和推测

· 把这句话写在黑板上：好的读者在阅读过程中会提出问题。大家一起讨论读者可能会提出哪方面的问题，比如：“发生了什么事情？”“故事里的某个人为什么要这样说（做）？”“故事接下来会如何发展？”问问学生，如果他们在阅读过程中产生了疑问，他们是如何寻找答案的（有的答案在书中，有的答案在读者的脑子里)。向学生说明：如果读者在阅读过程中产生了问题，这说明他们对接下来的故事产生了兴趣，他们会带着问题往后阅读。有的作者会有意识地不把答案在书中写明，让读者根据自己对故事的理解来推测。问问学生知不知道这是为什么。

如果一个作者把所有的事情都交代清楚了，可能会使阅读过程变得有点平淡。好的作者给读者留下思考空间，这个空间使读者带着疑问和兴趣往后读。当读者根据自己的理解，加上已往的知识经验，对阅读过程中产生的疑问进行解答时，这个过程就叫作"推测"。在我们这一章的课程中，我们要学习写出这样的故事，在故事中保留悬念，使我们的读者进行推测。

· 进行图片推测训练：给学生看一幅图，注意图片中的线索，然后思考如下几个问题：

你认为图片中哪三个线索最为重要？
看了这幅图以后，你有什么疑问吗？
你觉得图片中人物的心理活动是怎样的？我认为他/她在想什么？
你认为图片中发生了什么事情？可能发生了什么？

组织学生和同桌一起讨论。

· 进行文字推测训练：我们不仅能通过图片中的线索进行推测，也能通过文字提供的线索进行推测。选择一段没有很多细节描写的文字，读给学生听。(可以选择一本小说的第一段。)

· 向学生提问：

你们已经知道了什么？(作者已经写出来的内容。)

示范读物：

高级推理小说：《接触灵熊》(本·迈克逊)

中级推理小说：《贝尔先生和熊》(弗朗斯·托马斯)

初级推理小说：《胆小鬼威利》(安东尼·布朗)

你们想知道些什么？

你们会推测些什么？可能……

组织学生互相讨论自己的想法，然后全班一起讨论：

作者是怎样使读者产生疑问的？（作者留下了悬念。）

作为一名作者，我们怎样才能使读者产生疑问？（不要把事情的来龙去脉全交代清楚，故意漏掉一些信息，给读者留下思考的空间。）

· 向学生解释：当我们描述某一件事的时候，细节描写是很重要的，不仅能帮助读者产生图像化，还能使他们产生身临其境的感觉。在另外一些时候，我们不需要把所有的细节交代清楚，这样可以给读者留下思考的空间。

"留下悬念"的写作比"把所有细节都交代清楚"的写作更需要技巧，前者要使读者能完全理解一个故事，但又不能把故事的来龙去脉全写下来，这样的写作能使读者产生疑问，带着疑问去阅读、去理解。

· 课后总结：

今天我们讨论了提问和推测。有时候作者不会把所有的信息都体现在文字中，一名好的读者在阅读过程中会提出问题，为了寻找答案，进而进行推测。在接下来的几节课里，我们将会学习如何在写作中留出悬念，使读者产生疑问和进行推测。

参考书目：

Tracy Gallup, *A Roomful of Questions*（I）
特雷西·盖勒普 《满满一屋子的问题》

Tana Hoban, *I Wonder*（P）
塔娜·霍本 《我想知道》

Marcus Pfister, *Questions, Questions*（P, I）
马克斯·普菲斯特 《问题，问题》

Christopher Philips, *The Philosopher's Club*（I）
克里斯托弗·菲利普斯 《哲学俱乐部》

Louis Rock, *I Wonder Why?*（P, I）　　Rihard Torrey, *Why?*（P）
路易斯·洛克《我想知道为什么？》　理查德·托里《为什么？》

第二课：可以引发深入思考的问题

- 问学生：人们通常在什么情况下会提问？（不知道答案的时候、想学习的时候、问路的时候、想解决问题的时候等。）人们提出的问题通常有两种类型。

第一种类型的问题是有答案的，比如：加拿大的首都是哪里？这类有确定答案的问题叫作"快速问题"，人们通常可以很快速地知道答案，然后就不再思考这个问题了。另一类问题没有确定的答案，比如：为什么我一看到别人打哈欠，就也想打哈欠？这类问题叫作"深度问题"，人们为了寻找答案，通常要进行比较深入的思考。

当一个问题没有确定答案的时候，会引发我们去思考，产生各种"可能性"。

- 从参考书中选取一些章节，读给学生听，感受其中的"深度问题"，挑选其中一到两个问题，组织学生集体讨论自己对问题答案的想法。
- 就"关于自然"和"关于生活"两个方面，请学生自己提出一些"深度问题"，写在下面的表里。
- 教师先示范，然后请学生模仿，提出更多的问题，并写下来。

关于自然的问题	关于生活的问题
为什么企鹅不能飞？为什么有些蔬菜是绿色的？海星的一条腿长出来需要多长时间？	为什么我一看到别人打哈欠，就也想打哈欠？为什么有些人很刻薄，有些人很友好？为什么剪指甲的时候不会觉得疼？

教师示范

·把本书第171—172页关于“自然”和“生活”的问题写作构思纸双面打印，发给学生，让学生按照要求，把自己想到的问题写下来，还可以配上插图。

一个三年级学生写的问题。

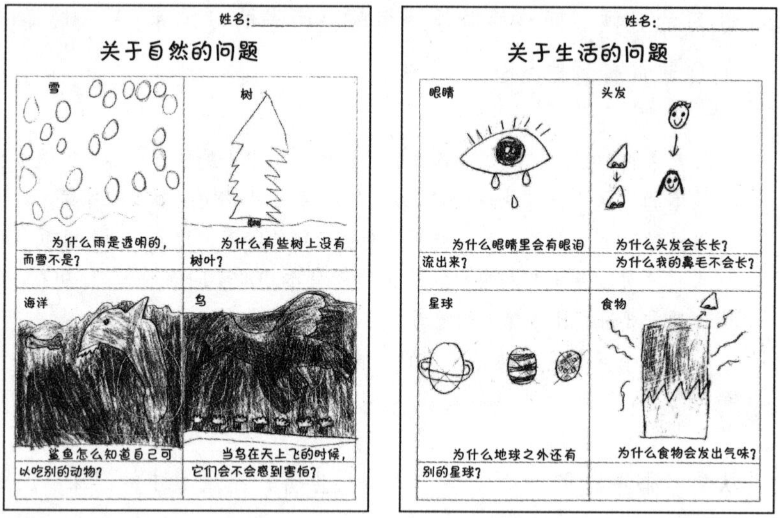

鼓励学生把自己的问题做成一本小书。教师帮助学生把几张纸对折，然后订成一本小册子，学生可以在每一页上写下一个问题，然后配上插图。

·课后总结：

当人们想知道答案，或者想学习新的知识时，就会提问。有些问题有确定的答案，有些问题没有。没有确定答案的问题，会引起读者思考。有些作者故意漏掉故事中的某些信息，好引起读者思考，这个思考过程会加深读者对故事的理解。

二、引导读者深度提问

第一课：构思

·和学生一起读能引发思考的书。

当我们读一本充满悬念的书时，会引起我们思考很多问题。比如说克里斯·拉希卡的《小黑乌鸦》，在这个故事当中，作者问了小黑乌鸦很多深度问题，小黑乌鸦都回答不上来。但这些问题会引发我们去思考，去寻找答案。而且还会使得我们想要学习作者，问别的小鸟、小动物或者昆虫一些问题——尽管它们都不能回答这些问题。

> **示范读物**：《小黑乌鸦》（克里斯·拉希卡）
>
> **叙述力**：爬坡故事；诗歌
>
> **技术力**：重复句（参见第54页）

· 要求学生模仿克里斯·拉希卡来写作，请学生选定某一种动物，如果这种动物会说话的话，你想问它些什么问题呢？大家一起头脑风暴，想出一些不同类别的问题来，比如和家庭、朋友、食物、栖息地、身体、兴趣、喜好等有关的问题。

· 示范提问：

> 教师示范

小绿乌龟

你的背上背着壳是什么样的感觉？你觉得重吗？

你把头缩在壳里的时候，能听见声音吗？壳里面黑不黑？

你走路总是这么慢，你觉得累不累？

你把头缩在壳里的时候，会不会觉得孤单？

> 参见第148页的小浣熊写作构思纸。

· 和同桌互相交流自己选定的某种动物。教师把“小小____写作构思纸”发下去（参见第173页），学生把自己想到的问题写下来。

第二课：写作

· 向学生说明：在这节课里，需要大家提出很多问题，并写下来。

作者在故事中提出的问题会引起读者提出更多的问题来。比如，读了克里斯·拉希卡的《小黑乌鸦》以后，我们可能也会想要问别的小动物一些问题。

· 给学生读《小黑乌鸦》，提醒他们注意其中的押韵问题和诗歌语言的使用，在接下来的写作实践中可以模仿。向他们说明：好的作者会把问题按类别提出来，不会让读者产生混淆。

一个三年级学生提的问题。

姓名：__________

小浣熊写作构思纸

你想写的动物是：浣熊

如果你能和这个动物对话，你想问它些什么问题？可以从以下的类别中选择：

食物、家庭、情感、栖息地、喜好、自然环境

注：想象你在和这个动物直接对话，你会说些什么呢？

写作技巧：重复

从以下的问题入手：

1. 小浣熊，你爱的人是谁？
2. 小浣熊，你住在哪里？
3. 小浣熊，什么动物让你感到害怕？
4. 小浣熊，天冷的时候，你会待在哪里？
5. 小浣熊，你需要朋友吗？
6. 小浣熊，你和我一样有家人吗？
7. 小浣熊，有人保护你吗？
8. 小浣熊，你总是在垃圾桶里乱翻乱撞，你会不会觉得累？
9. 小浣熊，你抱怨过什么吗？
10. 小浣熊，你会不会觉得饿？

有些学生在提问题之前，就想好了问题的类别，要表扬他们这种行为。如果没有分类的话，让学生把提出的问题按类别整理，比如把关于家庭的问题放在一起。

· 范文：

教师示范

小绿乌龟，
你走得有多快？
你想要在风中奔跑吗？
你还背得起那重重的壳吗？
小绿乌龟，你可曾厌倦了慢腾腾地爬？
小绿乌龟，和我一起出发吧！

一个小学三年级学生对小浣熊提的问题。

长着条纹的小浣熊

长着条纹的小浣熊，你需要朋友吗？
你是不是像我一样，也有家人呢？
长着条纹的小浣熊，下雪的时候，有朋友陪伴在你的身旁吗？
长着条纹的小浣熊，你爱的人是谁？

长着条纹的小浣熊，你的身上为什么毛茸茸的？
长着条纹的小浣熊，冬天的时候，你身上的毛暖和吗？
你的爪子是不是很锋利，能打开垃圾桶的盖子，够到里面美味的食物，又不被人发现？
长着条纹的小浣熊，你白天看得更清楚，还是晚上看得更清楚？

长着条纹的小浣熊，你会不会觉得孤单？
你会不会为自己感到骄傲？
你觉得自己棒吗？
长着条纹的小浣熊，你害怕什么动物？
你曾经怕过什么东西？

长着条纹的小浣熊，有没有人保护过你？
长着条纹的小浣熊，你的敌人是谁？
长着条纹的小浣熊，你会不会担心有人欺负你？
你有什么担心的事情吗？

长着条纹的小浣熊，你住在哪里？
长着条纹的小浣熊，天气变冷的时候，你待在哪里？
长着条纹的小浣熊，你有家吗？
长着条纹的小浣熊，你是不是像我一样，也住在家里？

第三课：集体讨论和编辑

组织学生分组讨论和交流，并对别人的文章提出自己的建议，试着采用推测的方法回答别人文章中提出的问题。在编辑修改的过程中，鼓励他们使用本书第20页所学到的列表技巧，列出“3，2，1——开始修改！”或者“1，2，3，4——开始修改！”

第四课：打印和分享

如果学生愿意，也可以让他们给自己的文章配上插图。所有的学生完成以后，请三到四名学生到前面去，给大家朗读自己的作品。

三、从提问到推测

参考书目：

Barbara Abercrombie, *Charlie Anderson*（P, I）
芭芭拉·阿伯克龙比 《幸福的查理》
Anthony Browne, *Willy the Wimp* (upper P, I)
安东尼·布朗 《胆小鬼威利》
Florence Parry Heide, *Sami and the Times of the Troubles*（P, I）
弗洛伦斯·帕里·海德 《萨米在动荡年代》
Susan Hughes, *Earth to Audrey*（I）
苏珊·休斯 《新朋友奥黛丽》
Frances Thomas, *Mr. Bear and the Bear*（P, I）
弗朗西斯·汤姆斯 《熊先生和熊》
Chris Van Alsburg, *The Garden of Abdul Gazasi* (or any book by this author)（I）
克里斯·范·奥尔斯伯格 《魔法师的奇幻花园》（或者这个作者其他的书）
Margaret Wild, *Fox*（I）
玛格丽特·怀尔德 《狐狸》

第一课：构思

叙述力：爬坡故事
技术力：第一印象（参见第60页）；对话（参见第63页）

· 在黑板上写下这句话：好的作者留下悬念。问问学生对这句话的理解，组织大家讨论：为什么好的作者不会把所有的细节都交代清楚？（因为这样的写作手法，会使读者产生疑问，为了寻找答案，他们会进一步往下读。）这样的写作技巧，就好比在一条小路上一点点撒上“诱饵”，引导读者一点点往前走。

· 选择参考书目中的几本，给学生读每本书的第一页（仅仅是第一页），问问学生听了以后的感受，有没有产生什么疑问，想知道些什么。把学生提出的问题汇总起来。

> 阅读参考书时，请只读故事开始的第一页。

你觉得这是一个什么样的故事？作者并没有明确地告诉我们——你的想法是什么？把你的想法和同桌一起分享。

第二课：写作

· 向学生说明：好的作者不会把所有的细节写出来，尤其是在故事开头。

一个优秀的作者会把某些细节交代得很清楚，比如人物、背景环境，以及一些关键的动作，但他们也会故意漏掉一些线索，给读者留下思考的空间。当读者产生疑问，并在寻找答案时，他们会进行推测。

· 把刚才读过的第一页再读一遍，请学生注意第一句话。

这些故事不是以“很久很久以前，有个叫……的女孩”开头。作者以介绍背景环境、人物动作开头，或者是一开始就提出问题。作为读者来说，会很有兴趣想知道接下来发生了什么事情。这样的开头，就好比作者在对读者说：“来吧，拉着我的手，我们一起到前面看看究竟发生了什么事情！”

· 向学生布置这周的写作任务：写一篇小短文。

让读者读了你的文章后，想要进入到故事中去，并且用他们自己的理解来补充你没有告诉他们的细节。

把本书第173页的“玩起来！填起来！”发下去，帮助学生理解如何才能使读者“进入并补充”故事。

第三、第四课：

参见第149—150页。

四、情感推测

第一课：推测

> **示范读物**：《伙计》（克里斯托弗·阿斯朗克）
> **技术力**：比喻（参见第50页）；使用第三人称写作（参见第58页）；第一印象（参见第60页）

> 一篇优秀的文章能使读者产生情感上的共鸣。从书中，你不仅能知道下雨了，也能感觉到雨点滴落在你的头上。
> ——道克托纳

- 向学生说明：有时候作者在写作中会故意留下悬念，引发读者去推测。在黑板上写下“信息饱和”，向学生解释其意义：如果作者在写作过程中给出过多信息的话，对于读者来说，就没有可以提问、推测的空间了，所以不要过多地采用这种写法。优秀的作者会巧妙地在文章中留下线索，让读者自己去推测，而不是把事情的详细经过都一五一十地告诉读者。
- 大家一起玩一个简单的推测游戏：请一个同学自愿离开教室，然后教师告诉剩下的同学一个关于“情感”的词，比如“高兴”。请大家回忆自己的生活中，什么时候会感觉高兴。大家想好以后，请刚才离开教室的同学回到教室来。然后请两到三个同学来描述关于刚才那种情感的回忆：“有一次，我……”但是描述过程中不能出现“高兴”这两个字，听完这几位同学的描述以后，请刚才离开教室的同学想一想：大家描述的是什么样的情感？

· 把刚才的推测游戏重复玩几次，然后把“情绪推测写作构思纸”分发下去(参见第174页)，请学生联系自己的以往经验来完成写作构思纸，写作构思纸上已经列出了一些关于“情感”的词，教师也可以鼓励学生想出更多的有关“情感”的词，然后写下来。

参见第155页的情感推测写作构思纸。

第二课：写作

· 教师看完写作构思纸以后，返回给学生，然后让他们相互分享自己的写作构思。向学生说明这节课的写作内容：每人选择一个关于情感的词，扩展写成一篇文章。写作之前，大家一起复习“第三人称”的写作方法，这是大多数知名作者常用的写法——以自己为原型，创造出一个假想的人物，使用第三人称来写作。

· 建议学生采用之前学过的“倒叙”的方法来开头，多使用比喻这种修辞手法。提醒他们注意不要“信息饱和”，换句话说，不要直接写出文中主人公的感受来，巧妙地留下想象空间，让读者自己去推测。

· 范文：

教师示范

记忆仓库中的事件：有一次，在圣诞节的音乐会上，我在全校师生面前表演了独唱，那时候我感到……

描述：当你感到紧张的时候，有什么表现？(腿脚发沉，手心出汗，心跳过速，嗓子发干，肠胃搅动，双手发抖等。)

他在幕布后面等着出场。他觉得自己的双腿有千斤重，双手抖得像高速搅拌器一样，他觉得自己嗓子发干，好像刚刚吞下了一张砂纸一样。音乐声马上就要停止了……幕布随时都可能升起，人造雪也即将从上面落下来。他的脖子上围着一条围巾，这时他觉得这条围巾紧紧地勒着自己的脖子，越勒越紧。他的胃里翻江倒海，眼看着幕后的工作人员马上就要把幕布升起来，出场的时间到了……

姓名：__________

第三、第四课：

参见第149—150页。

五、用短信给我发个故事

参考书目：

Chris Raschka, *Yo! Yes!*（P, I）
克里斯·拉西卡 《哟！哦？》

Chris Raschka, *Ring! Yo!*（P, I）
克里斯·拉西卡 《铃！哟！》

> **叙述力**：爬坡故事
> **技术力**：对话（参见第63页）

在现代，孩子们通过发短信的方式可以提高语言沟通能力。这一堂课的主要目的是：让学生用互发短信的方式来对话，进而编一个故事，而且这个故事能引发读者去推测。

第一课：构思

- 向学生解释：有些作者在写作的过程中，留下的悬念空间比实际写出来的故事还要多，这样读者在阅读的时候，就可以把自己的想法加入故事的理解当中去。一个故事如果从头到尾讲得清清楚楚，读者可能会觉得平淡无趣。给学生读上面列出的参考

情感推测
写作构思纸

失望	难堪	紧张
我最好的朋友没有邀请我去参加她的生日派对，她邀请了几个别的男孩子，我觉得很失望。	我在数学考试中犯了一个低级的错误，别的同学都做对了，我觉得很难堪。	我将要参加一个重要的考试我觉得很紧张。
有压力	**激动**	**自豪**
学校给我们布置了好多家庭作业，同时我还有很多课外班要上，我感觉很有压力，不知道自己能不能按时完成作业。	我顺利通过了考试，我感到很激动。	我所有的功课都得了A，我觉得很自豪。

完成构思以后，选择其中一种情感，扩展写作。

一个初一学生写的范文。

珍妮弗坐在自己房间内的那张书桌前，她的头发乱糟糟的，书桌上堆满了各种作业纸和书，她浑身直冒汗，因为她还有五张数学作业没有完成，五张讲义要准备，明天有科学考试，她还没有开始复习呢。她脸上是深深的挫败感，突然，有人敲门：“宝贝，你的功课做完了吗？该睡觉啦。”是妈妈。“不！我还没做完呢！您走开吧！”珍妮弗大喊道。现在已经是深夜十二点了，她还有一大堆功课要做。她的眼睛已经累得睁不开了。“我先做哪个好呢？”她嘟囔着，一头扎到桌子上。

一个初一学生写的范文。

书，介绍作者克里斯·拉希卡，他是一个很会讲故事的人，只用寥寥数语，就能讲出一个精彩的故事来。克里斯·拉希卡巧妙地使用插图和不同的字体，让读者进行推测。《哟！哦？》这本书只有十八个词，但是我们却能通过这十八个词理解整个故事。

兰恩·史密斯所写的《这是一本书》，幽默地表现了人们在电子时代是怎样进行阅读的，书的最后把《宝藏岛》这个故事浓缩在一个简短的短信里（尽管有些争议），这是本节课最好的范例！

· 在黑板上写一些短信中通用的缩略符号，比如：lol（大笑），bff（一辈子最好的朋友），q4u（我有一个问题），gtg（该走啦）。问问学生是不是都知道这些缩略符号是什么意思，如果他们知道更多的缩略符号，请说出来和大家分享。请大家想一想：平时我们收到的短信如果包含这些缩略符号，是不是会花点时间想一想这些符号是什么意思？这种思考过程就是推测。

如果对缩略符号还不太熟悉，可以在网上查关键词“短信缩略符号”（text abbreviations）。

在上课之前，教师可以先准备好一本有缩略符号的参考书，或者请学生自己在课前事先准备一些。

· 和学生玩一个好玩的游戏：要求他们用这些短信缩略符号，以及标点，来写一个故事。不过不能用那些粗俗的，以及代表脏话的缩略符号。可以让学生参考克里斯·拉希卡的书。

· 告诉学生：好的作者在动笔之前就已经有了全盘的计划，这个计划包括：

  · 两个人物(对话的双方)
  · 一个人将要对另一个人说的话
  · 问题的解决方法

故事中出现的问题一定要简单，比如“觉得很无聊”“丢了东西”“忘记写作业”“生朋友的气”等。

· 提醒学生：虽然这节课的写作内容是一个爬坡故事，但不需要把所有的细节都写下来，一定要给读者留下适当的想象空间。这些缩略符号可以作为一些关键词，帮助读者理解。

· 范文：

教师示范

人物1：杰瑞德

人物2：斯潘塞

问题：杰瑞德觉得很无聊。

解决方法：斯潘塞建议他们俩一起去溜冰，杰瑞德觉得很高兴。

· 请学生写一段杰瑞德和斯潘塞之间的对话。

第二课：写作

· 好的作者在写作过程中给读者留下推测空间。

> 这周的写作课程中，我们要用短信缩略符号来写一个能引起读者开始推测过程的故事。

· 请学生互相交流自己的写作构思。

· 向学生解释这节课的写作内容：写一段两个人之间的对话，鼓励他们多使用短信缩略符号和少量的文字。标点符号使用得当的话，也能帮助读者进行推测，教师要鼓励学生练习标点符号的使用。

· 给学生读以下规则：

> 在对话中，每个角色每次所说的话，不能超过三个词。
> 可以利用标点符号和插图，来帮助读者理解对话。

· 范文：

教师示范

斯潘塞：Sup?　　　　（发生什么事情了？）
杰瑞德：Zzzzz:(　　　（我觉得好无聊啊，唉……）
斯潘塞：GF?　　　　（你的女朋友去哪里啦？）
杰瑞德：lol……RUS?　（哈哈，你说真的吗？）
斯潘塞：jK! :) wydg?　（开玩笑的啦，你还好吧？）
杰瑞德：N/M，u?　　　（不怎么样，你呢？）
斯潘塞：SK8NG，WAN2？（我要去玩滑板，你想一起来吗？）

· 先不让学生看括号里的内容，只看缩略符号，看他们是否能明白这段对话的内容。请他们根据自己的理解，把对话进行下去。
· 学生完成对话以后，和同桌相互分享，练习推测能力。

第三、第四课：

参见第149—150页。

六、由少量文字进行推测

参考书目：

Jez Alborough, *Hug*（P）
杰兹·阿波罗 《抱抱》
Christopher Aslan, *Dude*（I）
克里斯托弗·阿斯朗克 《伙计》
David McPhail, *No!*（I）
戴维·麦克菲尔 《不！》
David Shannon, *No, David!*（P）
大卫·香农 《大卫，不可以！》

第一课：构思

· 在课程开始时，提醒学生好的作者在写作过程中留下悬念。作者有时会用插图和文字一起来讲故事。仔细观察插图的细节，读者

叙述力：爬坡故事

也能推测出故事情节来。

· 给学生读参考书，提醒他们注意有些词在全文中出现了多次，每次出现的时候，表达的内容都不一样，借助这些词旁边的插图，读者可以推测出不同的意思来。

· 大家一起整理出参考书中出现过的词，然后一起头脑风暴，想出更多的词来。请学生想出一些使用频率很高的多义词来，比如是、不、好、伙计、抱抱、哦、嘿等。这些词在生活中出现的频率很高，但在不同的语境下，它们可以表示不同的意思。然后再头脑风暴，想一想我们什么时候会使用这些词。

· 范文：

教师示范

是！

· 当……（出现下列情况）的时候，我会说"是"。

· 我们队赢得了棒球比赛的冠军，我觉得很激动。

· 别人问我是不是想要再来些比萨。

· 老师点名的时候。

· 我摔倒的时候，别人问我情况如何。

· 我生日时得到了想要的生日礼物。

· 爸爸问我是不是把垃圾扔出去了。

一年级的学生喜欢大卫·香农的《大卫，不可以！》，因为他们只认识很少的字。

· 请学生在老师范文的基础上补充。把本书第175页的"小小文字推测写作构思纸"发下去，请学生选择一个词，想一想我们在什么情况下会使用这些词。如果学生不能至少想出这个词的五种用法，则可以选择另外一个词。老师可以给学生举一些例子，对于三年级以下的学生来说，可以给他们举四至六个例子；对于三至六年级的学生来说，可以举八至十个例子。

第二课：写作和插图

- 有时候，作者不会用过多的文字来讲故事，这种情况下，插图可以有效地帮助读者理解故事。
- 教师看完写作构思纸以后，返回给学生，然后让他们相互分享自己的写作构思。因为学生们的写作内容只是一个词，所以插图就非常重要。如果学生的绘画技巧还不是很高，教师也要给予鼓励。
- 教师给学生提供范文。在黑板上给学生画草图，请学生推测一下图片的意思。
- 请学生看自己的写作构思纸，再结合老师提供的范文，想一想可以为自己的写作构思纸配什么插图。有两种形式可以采用：一是做一本“迷你书”，另一种是采用本书第175页提供的写作构思纸。

第三课：集体讨论和编辑

因为写作的内容很少，所以文字编辑的环节不是必需的。给学生多一点时间来完成插图。学生完成以后，让他们与同桌自由分享，并且通过同桌的插图来推测故事的意思。

第四课：打印和分享

参见第150页。

七、寓意推测

参考书目：

Aesop's Fables（P, I）
伊索寓言
James Marshall，*George and Martha books*（I）
詹姆斯·巴歇尔 《乔治和玛莎》
Jon Muth，*Zen Shorts*
琼·穆特 《禅的故事》
Jon Muth，*Zen Ties*
琼·穆特 《熊猫师傅和阿古》

第一课：构思

叙述力：爬坡故事
技术力：对话（参见第63页）

- 问问学生：为什么作者有时候故意不把所有的故事都写出来？（因为他们想让读者自己去推测故事的进展。）问问学生："寓意"是什么意思？（是教给读者的某种道理。）有时候，作者会以这样的方式结尾："所以这个故事告诉了我们……"这样的句子揭示了整个故事的寓意。或者作者不把故事的寓意清楚地写出来，而是让读者通过故事自己去推测。
- 大家一起头脑风暴，想出一个大家都知道的道理（或者寓意）。教师先提出几个范例，来帮助学生思考。把学生们想到的东西，列在黑板上。
- 告诉学生：作者开始写作之前，都很清楚这个故事将要告诉读者一个什么道理。然后作者会通过笔下某个人物的经历，来讲明这个道理。

在网上搜索"伊索寓言"，同时能搜出来很多别的寓言故事。

· 给学生读一到两个“伊索寓言”，先不要把故事的寓意告诉学生。听完故事以后，问问他们从故事中推测出了什么道理。

· 给学生读完寓言故事以后，向他们说明本次写作内容的重点是推测寓言故事的寓意。寓言是一种独特的故事形式：

寓言

· 是一种短的故事形式，目的是教给读者某个或某些人生道理。

· 一般以动物为主人公，动物拟人化，像人一样会说话。

· 是爬坡故事的一种，以“解决问题”为主线，有开头、经过和结尾。

· 以对话为主（故事中的人物互相说话）。

· 通常第一句话就清楚地揭示了故事的主人公、环境，比如：一天，一只饥饿的狐狸坐在道路边上。

· 把“寓言写作构思纸”发下去，参见第176—177页。

第二课：写作

· 在课程开始的时候，先请学生互相分享自己的写作构思纸。请他们注意寓言开始部分的写法。这节课的写作目的是练习使作品能够让读者自己推测出故事的寓意，所以在写作过程中不要把寓意明确地写出来。

一个六年级学生写的范文。

从前，有一个猴子妈妈带着小猴子。猴子妈妈对小猴子说：“暴风雨就要来了，我们要赶紧多采集一点香蕉才行。”可是，小猴子的朋友们都在踢足球呢，还招呼小猴子说：“嘿，小猴子！你来和我们一起踢足球吗？”

“好的！”小猴子说。暴风雨来了，小猴子们都回家了。猴子妈妈问小猴子：“你采的香蕉呢?”小猴子说自己因为贪玩，忘记采香蕉了，所以猴子妈妈和小猴子只能在暴风雨中饿着肚子。

“小猴子，你得到教训了吗？”

“是的，妈妈。”小猴子听话地说。暴风雨过后，它和妈妈一起去采集香蕉。

第三课：集体讨论和编辑：

参见第149页。

第四课：打印和分享

参见第150页。

学生可以把自己的寓言故事写下来，并加上插图。教师可以把全班同学的故事整理成一本寓言故事集。

八、写一首诗练习推测

第一课：构思

> 示范读物：参见第164页诗歌
> 叙述力：诗歌
> 技术力：拟人化（参见第59页）

- 上课前和学生一起回顾：好的作者在写作过程中会给读者留下很多思考、推测的空间。对于诗歌的写作来说，尤其如此，因为诗歌的文字比一般的文章更少、更短。文字越少，想象空间越大。
- 在黑板上写下“拟人化”这个词，回顾一个这种写作方法的特点。和学生一起讨论人物描写三大特征：情感、动作和声音。布置这节课的写作任务：用拟人化的手法写一首诗歌，而且要让读者自己推测出诗歌的含义。
- 请学生一起想出一些可以作为诗歌主题的非生命体，建立一个“拟人化网络”。大家一起头脑风暴，想想这些物体如果像人一样有生命力的话，看起来是什么样子的，会说些什么，有什么感觉，会做些什么？

拟人化：曲棍球杆

描述：黑色，圆的，扁的，小的

动作：滑，溜，得分，翻，受伤，赢，输

感觉：激动，孤独，酸痛，低落，自负

声音：“嘿，你打到我了！”“我是这场比赛的大明星！”“我可要好好教训一下守门员！”“哈！你没中！”“有本事你就绕过我啊！”

· 把“拟人诗写作构思纸”（参见第178页）发下去。请学生选择一个非生命体作为写作主题，教师可以建议学生选择一些人造的物体，比如：铅笔、鞋子、硬币、橡皮擦、叉子、球杆、棒球、钢琴等。或者自然界中的物体，比如星星、海洋、瀑布、树叶、树、山等。

第二课：写作

· 请学生根据写作构思纸上的内容来扩展写作。

今天写作的一个目标是：让读者能根据你所写的诗歌，推测出你所描写的是什么东西，所以一开始不要写出诗歌的标题。另外，在诗歌中，不要给出过多的信息，我们的目标不是让读者一下子就能推测出描写的物体来，要留给他们足够的思考空间。

让学生把自己想象成所描写的物体，用第一人称写作。

· 范文：

一个初一的学生认为：这首诗描写的是他的妈妈！

无穷无尽的折磨，
我是你沉重的负担，
你的背包，你的大脑，你的日程表。
我无处不在，
时刻围绕在你身边，
让你快乐不起来。
你和朋友们玩的时候，我就在那里
你用电脑的时候，我就在那里，
你玩得开心的时候，我也在那里。
你以为最终摆脱我了，

我又闪电般地回到你身边。
我占领你的心思，你的书桌，
我一整年都在你身边。
六月末的时候，你才会得到解放。

- 请大家猜一猜，这首诗写的是什么？（家庭作业。）
- 鼓励学生用多样的句型来写作诗歌，向他们解释：诗歌和那种由长句子组成的文章“看”起来是不一样的。
- 年龄稍大一点的学生，会选择更大、更广泛一些的主题，加上拟人化的手法来写成诗歌，比如、欺负人、小团体、财富、厌食症、欺骗、偷窃、虐待动物、少年贫困、全球变暖等。

第三课：集体讨论和编辑

参见第149页。大家互相讨论的过程中，可以就“给出什么样的线索”互相提出一些建议，作者根据大家的建议来修改自己的作品。有时候，诗歌所给出的线索过于模糊，读者到最后也推测不出来作者到底写的是什么，这时要适当加入一些线索。

感谢银溪小学的里克老师的无私分享，并为这节课提供了很多精彩的好点子。

第四课：打印和分享

参见第150页。史密斯初等学校的一名初一学生写出了一篇精彩的诗歌。

这名学生用图画把自己所描写的物体画了下来，然后订在诗歌的后面。读者读完诗歌以后，可以翻到下一页，看看自己的推测结果是不是正确。

小学生可以用拟人化的手法来写“我是谁”，可以在纸的正面写上诗歌，在纸的背面用图片揭示答案。

初级写作者的故事线：

我是一个……我……（“你”看起来是什么样子的？）	我能……（你能做些什么动作？）	当……的时候，我觉得……（当某件事情发生的时候，你的感觉如何？）	“……”（如果你能说话，你会说些什么？）我是什么？

吓！
我被箍紧了。
你每个月都会见到我的制造者，
戴上我，
珍珠一样的洁白瞬间银光闪闪。
戴上我，
你会心慌慌，
从此告别口香糖。
戴上我，
你会疼，
嘴巴还会渗血丝。
我无处不在，
时刻和你生活在一起。
当我最终离开的时候，
你将一身轻松，
变得光芒四射！

我是

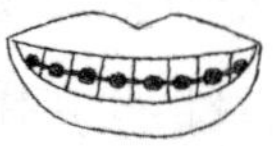

牙套。

九、用诗写一件事

参考书目：

Keith Baker, *Little Green*（P）
基斯·贝克 《蜂鸟小绿》
Shane W. Evams, *Underground*（I）
谢恩·埃凡姆斯 《地底下》

Valerie Worth, any of her short poems（I）
瓦莱丽·沃斯 《她的任意一首短诗》
Ed Young, *Ten Little Mice*（P）
杨志成 《十只小老鼠》

第一课：构思

> **叙述力**：诗歌
> **技术力**：六种感觉（参见第54页）；比喻（参见第50页）

- 课程开始之前，向学生说明：好的作者在写作过程中不会给出所有的信息，会让读者自己进行推测。接下来老师给学生读一首诗，让大家体会“推测”的过程。给学生读瓦莱丽·沃斯的《焰火》（或者她的任意一首短诗），但不要把标题读出来。有必要的话，反复朗读几次，让学生推测出这首诗描写的是什么。瓦莱丽·沃斯的在写作中，用到了之前学生接触过的好几种写作手法，比如拟人化和比喻。她很擅长生动描写，帮助读者开始推测过程。
- 给学生读谢恩·埃凡姆斯的《地底下》，不要读出标题或让学生看到插图。给学生一点时间去推测这首诗描写的是什么，请学生说出诗歌中的关键词和线索，然后大家互相分享自己的想法。

> 有些学生能推测出，这首诗歌描写的是地铁。不同的学生有不同的推测，有的人认为是拯救被埋的旷工，越狱，逃离集中营。有个学生认为这首诗写的是学校！

- 和学生一起讨论诗歌中的第一人称，以及现在时态，这些写作手法使学生更身临其境。向学生布置这节课的写作内容：写一首关于某件事的诗歌，但是不要清楚地写出这件事到底是什么。这件事必须是大多数人所熟悉的，可以是当地发生的，也可以是国内甚至国际上的事情，可以发生在过去，也可以发生在现在。然后大家一起头脑风暴。比如，集中营，2010年温哥华奥运会，日本的地震或海啸，温哥华斯坦利杯球迷骚乱，威廉王子和凯特王妃的王室婚礼，登顶珠穆朗玛峰，泰瑞·福克斯的马拉松，儿童矿工的遭遇和拯救，龙卷风和其他的自然灾害。

· 把“联想诗写作构思纸”发下去（参见第179页），请学生头脑风暴诗歌中可以用到的词。

> 这节写作课很好地把时事和教学结合了起来。

第二课：写作

· 给学生互相交流写作构思的时间，接下来的写作任务就是利用写作构思纸上的内容来写作诗歌。注意不要写出诗歌的标题，也不要在诗歌中体现主题的具体名称。请学生用第一人称和现在时态来写作——想象这件事就发生在你写作的同时，你负责记录下你所见、所听、所感觉到的。可以把《地底下》作为写作的范例。最后，诗歌的句子要简短、直接，不要使用长句子。

> 一个初一学生写的范文，关于2011年日本的大地震和海啸。

颤抖！
摇动！
巨大的阴影扫平了一切。
我们恐慌惊叫，四处逃亡。
它所到之处，
一片荒芜，
万物俱毁，
一片狼藉。
人们呼喊下沉，
哽咽，瞬间无影无踪。
无穷无尽的惶恐……
它止住了，
留下一片死一样的沉寂。
我们聚集到一起，
继续希望，
继续活着。

第三课：集体讨论和编辑

参见第149页。

第四课：打印和分享

参见第150页。请几个学生给大家朗读他们所写的诗歌，教师把全班的作品合成一本诗歌集。这一类的诗歌可以看作是对社会事件的描述。

十、画一幅画讲故事

参考书目：

Tomie De Paola, *Pancakes*（P, I）
汤米·狄波拉 《馅饼》
Arthur Geisert, any book（P, I）
亚瑟·盖泽特 任意一本书
Barbara Lehmann, *Museum Trip; Rain Storm; The Secret Box; The Red Book*（P, I）
芭芭拉·莱曼 《博物馆之旅》《暴风雨》《神秘的盒子》《小红书》
Nikoli Popov, *Why?*（I）
尼古莱·波波夫 《为什么》
Peggy Ratham, *Good Night, Gorilla*（P）
佩吉·拉特曼 《晚安，大猩猩》
Beatrice Rodriguez, *The Chicken Thief*（P, I）
比阿特丽斯·罗德里格兹 《偷鸡贼》
Bill Thomson, *Chalk*（P, I）
比尔·汤姆森 《粉笔》
Sylvia Van Omenn, *The Surprise*（P, I）
塞尔维亚·凡·欧门恩 《惊喜》
David Weisner, *Flotsam*（I）
大卫·威斯纳 《海底的秘密》
David Weisner, *Tuesday*（P, I）
大卫·威斯纳 《疯狂星期二》

第一课：构思

·课程开始：

叙述力：爬坡故事

过去的几周，我们主要学习了如何在写作中留出一些悬念，让读者自己去推测。今天，我要给大家展示几本参考书，它们有一个共同点：没有文字！——作者确确实实是一个字都没有写！

问问学生：如果没有文字的话，该怎么给别人讲故事呢？

· 把参考书分发下去，请学生仔细看图，发现其中能够帮助推测的线索。

· 和学生一起讨论：这些参考书有点类似于漫画，通过图片来讲故事。和漫画不同的是，这些书中一个字都没有。向学生布置这节课的写作内容：用图片来讲一个故事。提醒他们在动手开始画之前，要在心里想好究竟要讲一个什么样的故事，包括人物、开头、中间、结尾、问题以及解决办法。鼓励他们从简单的故事入手，主人公可以是人或者是动物。

一开始的时候，我很犹豫是不是要把这节课加进这本书来，因为这实际上和“写作”没有多大关系，因为没有文字。但以我多年的教学经验，很多孩子，尤其是男孩子，都喜欢画漫画。所以我还是决定加入这部分的内容。初级写作者把插图作为讲故事的一种重要手段，然后逐渐加入文字。所以，这种方式很适合低年级的学生。

第二课：写作（画画）

· 把本书第180页的“图片联想写作构思纸”发下去。提醒他们注意：故事的结局已经为他们画好了，所以他们的任务是填充开头和中间部分。他们所画的故事要有逻辑性，而且尽量不要使用任何文字。一些表示时间顺序的词是可以的，比如：开始、然后、突然、然而、最后等。

· 学生们完成以后，和同桌分享自己的作品，看看同桌是否能推测出这究竟是一个什么样的故事。

如果教师手头的参考书不够的话，可以从某一本书中选取六至八幅图片，复印出来发下去。让学生试着给图片排序，然后通过图片来推测故事情节。然后每个小组给全班分享一下他们推测出来的故事，最后再由教师给全班讲。

雪莉·迪温斯是西蒙学校的一名文学老师，她发明了这种简单高效的讲故事方法——只通过图片。

可以用别的图来替代最后一张图。教师可以事先准备一些图片，让学生自己挑选。

第三、第四课：

参见第149—150页。

关于自然的问题写作构思纸

姓名：________________

____ ____ ____	____ ____ ____
____ ____ ____	____ ____ ____

关于生活的问题写作构思纸

姓名：________________________________

______________ ______________ ______________	______________ ______________ ______________
______________ ______________ ______________	______________ ______________ ______________

小小______写作构思纸

姓名:______________________

选择你的动物或昆虫:______________________

如果你可以和这个动物或昆虫对话，你会问它什么呢？想一想，你可以问它的食物、家庭、感受、身体、居住的地方、有什么能力、喜欢的东西、不喜欢的东西和本性等。

记住：要用你自己的话，像真的和这个动物或昆虫谈话一样写下来。

先在这里写几个问题：

____

____

____

____

玩起来！填起来！

写一小段话，要——

· 有一个开场句，让你的读者一下子进入故事的场景中。
· 有一个人物和场景。让人物想点什么，做点什么，说点什么，去个什么地方。
· 提供一个要解决的问题。
· 告诉读者一些事，但不是所有的事。
· 留些事别说，让读者来推测。

____

____

____

____

情绪推测写作构思纸

姓名：____________________

失望 在……时我曾经这么觉得过 ____________ ____________ ____________ ____________ ____________ ____________ ____________	**难堪** 在……时我曾经这么觉得过 ____________ ____________ ____________ ____________ ____________ ____________ ____________	**紧张** 在……时我曾经这么觉得过 ____________ ____________ ____________ ____________ ____________ ____________ ____________
有压力 在……时我曾经这么觉得过 ____________ ____________ ____________ ____________ ____________ ____________ ____________	**激动** 在……时我曾经这么觉得过 ____________ ____________ ____________ ____________ ____________ ____________ ____________	**自豪** 在……时我曾经这么觉得过 ____________ ____________ ____________ ____________ ____________ ____________ ____________

小小文字推测写作构思纸

姓名:______________________

圈上你要在写作中用到的词

是　不是　噢　嘿　好　哥们儿　真好　不舒服　为什么　抱一抱

或者用你自己的词:____________(请和老师确认)

现在想一想，在哪些不同的场合中你会用到这些词:

当______________时，我说______________

当______________时，我说______________

当______________时，我说______________

当______________时，我说______________

当______________时，我说______________

当______________时，我说______________

当______________时，我说______________

当______________时，我说______________

寓言写作构思纸

姓名:______________________________

寓言是描述一个观点，或者告诉我们一个教训或道德哲理的小故事。寓言的主人公通常是说话和做事都像人一样的动物。通常作者不会直接告诉我们寓意，因此读者需要推测。

第一步：从本页后的列表中挑选一个寓言。把它抄写在下面：

____

第二步：挑选你的场景:____

第三步：挑选你的动物主人公（它们应当和场景有关，能够匹配得上）

动物1:________________________ 动物2:________________________

第四步：决定你的动物面临的一个问题，与你挑选的寓言相关。

问题:____

____

____

第五步：你的主人公要如何学习到他的教训？

____

____

记住：

· 使用对话：你的主人公必须互相对话。

· 每个对话者都要另起一行。

· 你要让你的读者推测出这个寓意，所以不要直接写在你的故事里。

· 你的第一句话应该在一个场景里介绍你的主人公。

寓言写作构思纸（续表）

己所不欲，勿施于人。

不要以貌取人。

早起的鸟儿有虫吃。

有其父必有其子。

乞丐没有选择。

慢而稳，事必成。

小心驶得万年船。

种瓜得瓜，种豆得豆。

行善必有得。

千万不要轻易许愿。

酒肉朋友不值得深交。

不要听见风就是雨。

观其友，知其人。

这山望着那山高。

有志者事竟成。

熟能生巧。

勿以善小而不为。

满瓶水不响，半瓶水响叮当。

金钱买不来幸福。

先苦后乐。

情人眼里出西施。

功夫不负有心人。

三思而后行。

拟人诗写作构思纸

姓名:________________________

拟人是将人性特征——比如动作、情绪和语言等赋予非人物体（无生命物体）的一种修辞手法。采用这种手法，你可以创作一首供你的读者联想的拟人诗。

第一步：挑选一个无生命物体:____________

（例如：一枚冰球、一株仙人掌、一根鞋带、家庭作业、一元钱、一座山、一条河、月亮、一支铅笔、一个足球、芭蕾舞鞋）

第二步：现在头脑风暴一下，想一想有哪些描述可以用于这个物体，把你的物体想象成人。

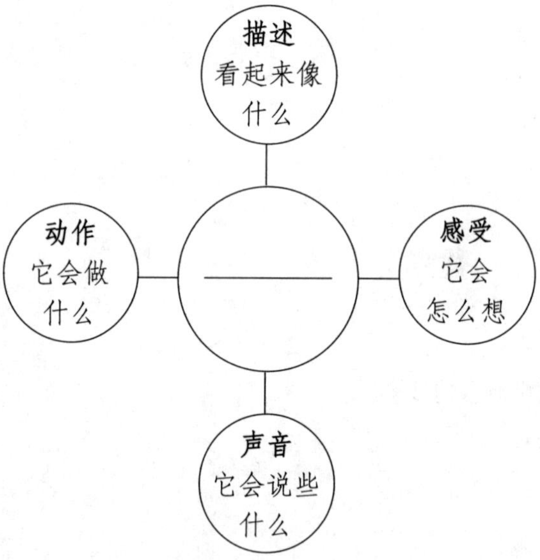

第三步：现在创作一首诗，把你的描述都包括进去。不要提到这个物品的名字，让读者可以根据你的线索进行联想。

联想诗写作构思纸

姓名：______________________

我要写作的主题是：______________________

我看到的景象	我听到的声音
我做出的行为（动作）	我闻到的味道
我产生的感受	我会说或者听到别人说的事情

记住你的诗要用第一人称来写作。在你写作时，想一想你正在经历这些事情。让读者直接到你的诗里面来。

图片联想写作构思纸

姓名:______________________

看看最后一张图片：这是你的故事完成的地方。用图片创作一个故事，说明发生了些什么。你只能使用联结词：首先、接着、随后、突然、同时、很快、最后、最终、过了一会儿等。

1.	2.	3.	4.
5.	6.	7.	8. 

第十章　用写作影响读者

回想一下你读散文和诗歌时的那些时刻：你被其中的美丽壮观深深震撼，甚至感到灵魂的触动！在一瞬间，所有的事情都被赋予了意义，无比协调地融合在一起。

——安妮·拉莫特

关于阅读力这个问题，我们在阅读教学中最常碰到的一个问题就是：我们做得足够了吗？我们教会了孩子语言的结构，让他们能读懂文字所表达的意思，这些就足够了吗？同样地，我们在写作教学中也会遇到类似的问题——我们做得足够吗？我们教会孩子组织他们的想法，用各种修辞手法来写作，正确地使用标点符号和文字，这些足够了吗？对一部分人来说，这些确实足够了，但是对另外一些人来说，这些还远远不够。在写作训练中，我们需要抽出时间和精力好好地学习写作的核心内容——发现事实，分享事实。

我经常对学生们说，我们的周围有很多不同种类的书值得我们去阅读。有时候，我们读书仅仅是为了欣赏美丽的插图；有时候，读书会让我们开怀大笑；有时候，我们产生“图像化”的过程，能亲眼“看见”书中所描述的故事；有时候，我们在阅读时能把不同的事情联系起来；有时候我们为了学习而读书；有时候，一本书甚至能改变我们的思维方式——我们读着读着，突然会产生这样的想法：“哇，我以前从来没有这样想过呢。”在这个层面上，书能影响我们，能让我们从另一个角度思考。

我经常选择那些有哲理、有寓意的书给孩子们读，那一类书最能帮助他们站在新的角度，思考一些有价值的事情，比如：友爱、宽容、冒险、自信、和平、无家可归、消费者权益等。我把这种关于思维方式的变化称作“思维调整”，而不是“全新的思考”。一个好的读者，在读完整本书以后，还会继续思考书里的问题，这种思维最能转变我们的思维方式。有时候，读书甚至会影响我们对自身、对他人甚至是对世界的看法。当学生们站在读者的角度理解了阅读对思维方式的影响以后，他们就会逐渐意识到，自己所写的内容也能影响他人。

一、从思考力到影响读者

当学生们写作的时候，他们会搜索自己的大脑记忆仓库和想象仓库，从中获得写作的灵感。

教师现在已经比较熟悉“故事线”了，在接下来的课程中，可以教学生们使用“故事盒子”。“故事盒子”指的是把一个爬坡故事分成六部分，目的和“故事线”是一样的，都是帮助学生更好地组织故事。接下来，我们每一节课会分别介绍一个“故事盒子”，大纲如下：

盒子1：环境
盒子2：人物介绍
盒子3：加入细节和例子
盒子4：问题介绍
盒子5：加入细节和例子
盒子6：解决问题，结束

初级写作者可以在每一个“盒子”里加入插图，更好地完成整个故事。中级写作者可以在每个“盒子”里加入更多的细节描写和例子，或者对话，把每个“盒子”扩展成一个段落。

课程：能影响读者思维方式的写作

· 课程开始：

> 我深深地感谢那些优秀的作品——就像我感谢无限的大海一样。好的作品能引起我们去注意，去发现。这对读者来说，是一件珍贵的礼物。你说呢？
>
> ——安妮·拉莫特

我读过很多书，有的书能使我开怀大笑，有的书能使我放声大哭。有的书让我身临其境，有的书让我产生很多联想。有时候，我单纯地欣赏书中美丽的插图，或者被激动人心的故事吸引。人们把这一系列的表现称为“转化”，或称思维的转化。我喜欢称之为“思维调整”——我们头脑中曾经的一些想法，因为这些书而发生了改变。也就是说，作者的一些想法影响了读者——那些他认为有价值的，希望能传递给读者的想法。或者是那些他注意到、理解到，希望读者也能注意和理解的事情。当我的思维随着读到的书而产生调整的时候，我会觉得自己变得更聪明，视野也更开阔了。所以，作为一名作者，这种思维的调整是我们能送给读者的礼物——一件关于思考的礼物。我们写下的东西竟然能改变别人的思维方式，这是多么神奇的事情啊！

在接下来的几堂课中，我们将要选择一些我们自己觉得很重要，并且希望读者也能在意的事情来写作。我们希望读者读到我们文字的时候，能够停下来想：“嗯……我以前从来没有这么想过呢。”我们的目标是：帮助更多的读者调整他们的思维！

二、改变读者对“多样化”的想法

参考书目：

Mem Fox, *Whoever You Are*（P）
梅·福克斯 《我们都是好朋友》

Sharon Hamanaka, *All the Colors of the Earth*（P, I）
莎伦·滨中泰男 《地球上所有的颜色》

Bell Hooks, *Skin Again*（I）
贝尔·胡克斯 《再聊肤色》

Olivier Ka, *My Great Big Mama*（P, I）
奥利维尔·卡 《我的超级妈妈》

Karen Katz, *The Colors of Us*（P）
卡伦·凯兹 《我们的颜色》

Shelley Rotner, *Shades of People*（P, I）
谢莉·罗特纳 《人影》

Pat Thomas, *The Skin We're In: A First*

Look at Racism（P）
帕特·托马斯《初次了解种族主义：我们的皮肤》
Michael Tyler, *The Skin You Live In*（P, I）
迈克尔·泰勒《你的皮肤》
Melanie Walsh, *My World, Your World*
梅兰妮·沃尔什《我的世界你的世界》

教师每天给孩子读一个不同的故事，然后就"这个故事如何改变了你的思维方式"这个问题，组织学生进行讨论。可以用这样的话来讨论："我以前认为……但是现在我在想……"或者"这本书使我更关注……"

第一课：构思

·课程开始：

好的作品会改变读者对于自身、他人以及世界的思维方式。今天我给大家带来了一些书，这些书有一个共同点。请大家在读完这些书以后，告诉我这个共同点是什么。

叙述力：诗歌
技术力：比喻（参见第50页）；重复句（参见第54页）

·选择一到两本参考书，读给学生听。问问学生是否发现了这些书的共同点。（关于种族多样化；如何接受那些看起来和我们很不一样的人。）

·读完以后，向学生解释：这些书帮助我们从一个新的角度思考问题。问问学生：这些书从哪些角度改变了我们对于他人的看法？

有时候，读书会让我们从另一个角度思考问题。今天我们所读的书，教会了我们：对于那些和我们看起来不一样、穿得不一样、语言不一样的人，我们如何更好地接纳他们？

·布置这周的写作主题：民族多样化

这周，我们写作的主要目的是帮助读者从另一个角度看待他人。通过我们所写的作品，帮助读者重新思考“多样化”和“接纳他人”这两个主题——不管人们的外表看起来多么不一样。当读者读完我们的作品以后，他们会说：“嘿，我以前从来没有这样想过呢。”

· 大家一起头脑风暴，想出人与人之间会有哪些方面的不同：外表上的（眼睛、头发、皮肤、手等），性格上的，穿着上的，居住的地方，食物，兴趣爱好等。把本书第210页的“民族多样化写作构思纸”发下去。请学生列举出八种不同的方面，写在左边的栏里。在“我”那一栏，要求学生写下自己的一些特征。在“别人（姓名）”那一栏里，要求学生写下他们认识的人的特征。

· 范例：

不同点	我	别人
肤色	白色	阿丽娅：黄色，有雀斑
鼻子	鹰钩长鼻子	科特太太：又长又直

民族多样化写作构思纸　　姓名：________

不同点	我	别人
肤色	棕色	克里斯托：深黄色
发色	黑色	伊森：黄色
声音	一门语言：英语	艾薇：阿拉伯语，英语
身高	中等身材	普拉：高个子
家庭	大家庭	茉莉：中等
衣着	曲棍球衣	伊森：星球大战T恤
发型	直发	克里斯托：刺头
爱好	打电动游戏	克里斯托：收集硬币

一个三年级学生的范文。

第二课：写作

- 向学生说明：有时候，我们所写的内容能够改变读者的思维方式。这次写作课的主要任务是：不要以貌取人，要通过一个人的本身而不是外貌来接纳他。
- 教师看完写作构思纸以后，返回给学生，然后让他们相互分享自己的写作构思，接下来，利用写作构思纸上列出的要点来写作。
- 复习如何使用形容词。给学生提供写作范例，以描写“不同点”开头，结尾的时候回到与主题有关的“相同点”上。组织学生讨论形容词和故事线的用法。

教师示范

我看起来像毛茸茸的桃子。

我的好朋友阿丽娅看起来像带着斑点的香蕉（她脸上的雀斑）！

虽然我们的皮肤颜色不一样，

但是我们挠啊挠，抓啊抓，我们都觉得很痒痒！

我的鼻子像个钩子，跟老鹰一样，

科特尔先生的鼻子直直的，像个跷跷板。

虽然我们的鼻子形状不一样，

但是，“阿嚏——阿嚏——”——我们感冒了，都直流鼻涕！

第三课：集体讨论和编辑

- 告诉学生：当他们进行集体讨论的时候，组员需要通过阅读，产生某种“想法”。比如“我已经知道了……但是我还在想……”（参见第17页）

第四课：打印和分享

- 如果学生愿意的话，可以给自己的写作配上插图。邀请三至四名学生给大家朗读自己的作品。

> 我的头发是黑色的，就像天空飞翔的乌鸦一样。伊森的头发是棕色的，就好像大草原上的麦子地一样。但是我们都喜欢讲笑话。
>
> 我能讲两种语言，杰皮能讲四种语言，但是我们都能讲印度的一种方言。
>
> 我的眼睛是深棕色的，就像大地的颜色一样。伊森的眼睛是浅蓝色的，就好像大海一样。但是我们的眼睫毛都很长。
>
> 我喜欢加拿大，不喜欢波士顿。艾拉喜欢小狗，不喜欢小包菜心。但是我们都喜欢西蓝花。

初级写作者的故事线：相同点和不同点

对于初级写作者来说，可以利用下面的方框来写下自己和别人的“相同点”和“不同点”。要鼓励他们利用形容词和象声词。

> 一个好的作者不在于写下的内容有多少，而在于他所写的是他真正关心的。一个好的作者并不需要懂很多的哲理，但他对生活有很深的理解和感悟，并且尽力传达给读者。
>
> ——安妮·拉莫特

> 我的皮肤是杏色的，埃里克的皮肤是深巧克力色的。但我们不小心擦破了皮肤时，都会大声说：“哎哟！”

提醒学生，在使用“但我们都……”时，句子内容要和前面的内容联系起来。

我有……，……有……。 但我们都……	我有……，……有……。 但我们都……	我有……，……有……。 但我们都……	我有……，……有……。 但我们都……

三、改变读者对“和平、爱和家庭”的想法

第一课：构思

· 在黑板上写下“和平”二字，问问学生是否知道这个词的意义，

> **叙述力**：爬坡故事，诗歌
> **技术力**：六种感觉（参见第54页）；添加细节（参见第48页）；比喻（参见第50页）；情感表达（参见第55页）

这个词让他们联想起什么，看到这个词有什么样的感觉。向学生解释：我们每个人都是独特的个体，对同一个事物有不同的想法。但是，作者能通过文字，改变人们对于某件事物的看法。

· 给学生读维地米尔·雷达斯基的《感受和平》。读完以后，告诉学生：

> 一直以来，我认为"和平"是"战争"的反义词，读完这本书以后，我对"和平"有了新的想法。这本书使我从另一个角度开始思考"和平"。这本书还使用了一个我们都很熟悉的写作技巧（六种感觉）。

这周写作课的主要目的是：写出一篇文章，能改变读者对于文章主题的看法。

· 在黑板上写下"家"。每个人对"家"都有不同的看法，我们这堂课的写作目的是：使读者从一个新的角度来思考"家"。把本书第211页的"____的感觉写作构思纸"贴在黑板上，大家一起头脑风暴，想出和"家"有关的想法。

> 头脑风暴——家
> 能看到的：
> · 一起吃饭
> · 爸爸割草坪
> · 厨房台面上的家庭作业
> · 打牌
> · 在沙发上一起读书
> · 有时整洁，有时乱糟糟
> 能听到的：
> · 播放音乐
> · 磨咖啡豆的声音
> · 笑声

- 高兴的叫喊，生气的叫喊
- 打呼噜
- “快点儿！我们要迟到了！”

能闻到的：

- 巧克力饼干
- 干净的床单味道
- 肉桂面包
- 有汗味的曲棍球道具
- 湿湿的皮毛味
- 周末的馅饼和熏肉味

……

- 把本书第211页“____的感觉写作构思纸”发下去，让学生从以下的主题中挑选一个，填在写作构思纸的标题处。

善良
家庭
家
爱
和平
友谊

> 教师也可以选择某一种情感让学生写作：希望、绝望、嫉妒、骄傲、恐惧、高兴、轻松、感激、激动等。

- 让学生填写写作构思纸。

第二课：写作

- 教师看完写作构思纸以后，返还给学生，然后让他们相互分享自己的写作构思。接下来选择写作构思纸上的一到两个要点来写作。
- 接下来要用到的写作技巧：六种感觉、添加细节、比喻、情感表达。在写作时加入个人经验会使文章更有说服力。这篇文章最后可以发展成两种形式：一是有故事主线的爬坡故事，另一种是打油诗。

· 范文：

教师示范

爬坡故事：家

家闻起来是什么味道的？家是厨房里的巧克力饼干味道，嗯，还夹杂着一点点焦味。家是我的朋友山姆吃的肉桂面包味，当然也有我的份哟！家是地下室里带着汗味的曲棍球球具，又是小猫贝利从雨中散步回来的湿漉漉的皮毛。这些都是家的味道。

（接下来可以用别的感觉继续写作。）

诗：家

家是——
厨房里香喷喷的巧克力饼干，
贝利湿漉漉的皮毛，
散发着汗味的曲棍球球具，
山姆和我吃的肉桂面包。
这就是家的味道。

第三、第四课：

参见第186页。

初级写作者的故事线：是什么？

让学生从本书第189页的主题中选择一个来写作。

……看起来像……	……听起来像……	……尝起来像……	……摸起来像……

四、改变读者对“欺负人”的想法

参考书目：

Derek Munson, *Enemy Pie*（I）
德瑞克·莫曼森 《敌人派》

Julia Cook, *Bully B.E.A.N.S.*（P）
茱莉亚·库克 《欺凌糖豆》

Nan Forler, *Bird Child*（I）
南·弗勒尔 《小鸟一样的孩子》
Phillip M.Hoose, *Hey, Little Ant!*（P, I）
菲利普·胡斯 《喂，小蚂蚁》
Mireille Levert, *Eddy Long Pants*（P, I）
米雷利·雷维特 《长裤子艾迪》
Trudy Ludwig, *My Secret Bully*（I）
特鲁迪·路德维格 《暗中欺负我的家伙》
Peggy Moss, *Say Something*（I）
佩吉·莫斯 《站出来说话》
Phyllis Reynolds Naylor, *King of the Playground*（P）
菲利斯·雷诺尔德斯·内勒 《游乐场之王》
Alexis O'Neill, *The Recess Queen*（P, I）
艾莉克斯·欧尼尔《珍妮小霸王》
Katherine Otoshi, *One*（P, I）
凯瑟琳·奥托什 《一个》

第一课：构思

> **叙述力**：爬坡故事
> **技术力**：使用第三人称写作（参见第58页）；添加细节（参见第48页）

- 这堂写作课的主要目的是写出一篇作品，能帮助读者从另一个角度思考问题。一位优秀的作者会把自己认为很重要、自己真正在乎的东西放入作品中，希望读者也能注意到并在乎这些东西。和学生分享参考书目中的一到两本，问问他们：这些书的主题是什么（关于欺负人），为什么这个主题很重要。

大家都知道：欺负人是一种不好的行为。这些作者选择了这样的主题，是希望我们能对“欺负人”有新的理解。

- 很多时候，作者都是根据自己的亲身经历来写作。请学生们回想一下自己以往的经历，是不是曾经有过被人欺负的经历？有没有曾经欺负过别人？有没有看到过别人被欺负？和大家一起分享这些经历。
- 和大家一起讨论这些参考书。

人为什么会欺负别人？（想获得较高的地位，想得到权力，想控制别人，有时候他们甚至欺负自己！）什么样的行为算是“欺负人”？（刻薄的话、嘲笑、恶意模仿、威胁等。）怎样来解决“欺负人”这个问题？（说“住手！”，帮助欺负人者，和欺负人者交朋友。）为什么作者要写关于“欺负人”的故事？（帮助我们从另一个角度理解“欺负人”，并且学习一些解决方法。）

· 接下来，学生将要写一个关于“欺负人”的爬坡故事，要包括人物、矛盾，以及解决方法在内。把本书第212页的“故事盒子写作构思纸”发下去，在每一个方框内写下简短的指导语。

“欺负人”的故事盒子

1. 环境（画图）	2. 开头：介绍欺负人者（名字、外貌以及其他细节）	3. 问题：介绍被欺负的人（名字、外貌以及其他细节）
4. 活动：欺负人事件是怎么发生的？	5. 问题是怎么解决的？	6. 结尾：和之前相比，事情有了什么样的变化？

· 范文：

教师示范

1. 环境：学校

2. 罗杰喜欢欺负别人。他又高大又粗鲁，喜欢欺负小孩子。

3. 每天课间休息的时候，罗杰和他那帮粗鲁的朋友总是嘲笑格罗芬的短胳膊。

4. 一天，罗杰收集的珍贵游戏卡片掉进了栏杆和大储物盒之间的小裂缝里，只有格罗芬的小胳膊才能伸进去，把游戏卡片拿出来。

5. 自从那以后，罗杰再也不叫格罗芬的外号了，再也不嘲笑他的短胳膊了。他们还开始互相交换游戏卡片。

· 让学生填写写作构思纸。

第二课：写作

· 教师看完学生的写作构思纸以后，返还给学生，让学生互相交流自己的故事。在听同桌读故事的时候，要想一想，这个故事从哪些方面影响了你的想法？可以这样问学生：听了同桌的故事以后，你对“欺负人”有了什么新的想法？

· 根据学生的实际情况，可以让学生把“故事盒子”扩展成长的故事。可以通过添加细节、举例、加入对话等方法，将每一个方框内容扩展成一个段落。（如果做一本“迷你书”，则每个方框内容扩展成一页。）有一个方框内容不必扩展成一个单独的长段落——就是“环境”框，但是需要在故事的开头提到。

第三、第四课：

参见第186页。

五、改变读者对“个性化”的想法

参考书目：

Eve Bunting, *One Green Apple*（I）
伊芙·邦廷 《一个绿色的大苹果》

Henry Cole, *Sissy Duckling*（P）
亨利·科尔 《娘娘腔的埃尔默》

Tomie De Paola, *Oliver Button is a Sissy*（P, I）
汤米·狄波拉 《奥利弗是个娘娘腔》

Leslie Helakoski, *Woolbur*（P, I）
莱斯利·赫拉考斯基 《不一样的小羊伍尔伯》

Olivier Ka, *My Great Big Mama*（P, I）
奥利维尔·卡 《我的超级妈妈》

Cheryl Kilodavis, *My Princess Boy*（P, I）
谢莉尔·基罗戴维斯 《我的公主男孩》

Munro Leaf, *The Story of Ferdinand*（P, I）
孟曼·里夫 《爱花的牛》

Mireille Levert, *Eddy Long Pants*（P, I）
米雷利·雷维特 《长裤子艾迪》

Leo Lionni, *Frederick*（I）
李奥·李奥尼 《田鼠阿佛》

Patty Lovell, *Stand Tall Molly Lou Melon*（P）
帕蒂·洛威弗尔 《站直了，小茉莉》

Max Lucado, *If I Only Had a Green Nose*（I）
麦克斯·卢卡多 《但愿我有个绿鼻子》

Todd Parr, *It's OK to be Different*（P）
托德·帕尔 《不一样没关系》

Dr Seuss, *The Sneetches*（P, I）
苏斯博士 《史尼奇的故事》

Ashley Spires, *Small Saul*（P, I）
艾希礼·斯派斯 《小扫罗》

Mary Whitcomb, *Odd Velvet*（P, I）
玛丽·维特考姆 《奇怪的天鹅绒》

Charlotte Zolotow, *William's Doll*（P）
夏洛特·佐洛托 《威廉的洋娃娃》

第一课：构思

· 向学生说明，他们的写作目的是帮助读者从新的角度思考问题，转化思维方式。作者通常会选择自己关心的、感兴趣的主题来写作。选择一到两本参考书读给学生听，让他们发现其中的共同点。

· 讨论：

> **叙述力**：爬坡故事
> **技术力**：添加细节（参见第48页）；使用第三人称写作（参见第58页）

这些书是关于什么的？（一些与众不同的人。）作者是通过哪些方面来表现不同点的？（在《我了不起的妈妈》《长裤子艾迪》《史尼奇的故事》中，是描写外貌的不同；在《奥利弗是个娘娘腔》《威廉的洋娃娃》中，是描写不同的兴趣；在《不一样的小羊伍尔伯》《爱花的牛》《娘娘腔的埃尔默》中，是描写行为的不同。）这些书告诉了我们一个什么道理？（做真实的自己，不要太在意别人的想法，不要把自己改变得和别人一样。）你觉得作者为什么要写这样的主题？（也许他们曾经有过亲身的经历；也许他们想帮助别人接纳不同点；帮助读者坚持自我。）

· 让学生想一想：自己和别人有哪些方面的不同？这些不同可以是以下几个方面：文化、信仰、兴趣爱好、外貌等。

回想一下，是不是曾经有些时刻，你表现得与众不同？当时你的感觉如何？你为此做了些什么？和大家分享一下你的经历。

· 给学生布置这周的写作任务：以“个性化，做真实的自我”为主题。写作内容可以是基于学生自己的亲身经历，也可以是虚构想象的。故事的主人公可以是人，也可以是动物，鼓励学生给主人公起一个有趣的名字（比如“胆小鬼”或者“长裤子”）。要用第三人称来写作。

· 把本书第212页“故事盒子写作构思纸”发下去，和他们一起复习每个方框里该填什么内容。

“个性化”的故事盒子

1．环境（画图）	2．开头介绍主人公，以及他们与众不同的地方。	3．问题：举例说明别人是如何看待主人公的这种不同之处。
4．活动：描述主人公遇到的麻烦。	5．问题是怎么解决的？	6．结尾：别人是如何接纳主人公的？

· 范文：

教师示范

1.环境：池塘

2.青蛙福格斯和别的青蛙不一样，别的青蛙都是呱呱地叫，但是福格斯是喵喵地叫。

3.福格斯对自己的叫声感到很自豪，但是他的爸爸妈妈却觉得很难堪，而且别的青蛙都笑话他说：“福格斯是只猫青蛙！”

4.没有青蛙愿意和福格斯做朋友，但是他有很多猫咪朋友。那些猫咪从来也不嘲笑福格斯的叫声。他们毛茸茸的，摸上去很暖和，不像青蛙那样又潮湿又滑。

5.有一天，福格斯发现有一只鸟抓住了一只青蛙，正准备吃掉！福格斯大喊一声：“喵！”那只鸟听到猫叫声，吓得赶紧拍着翅膀飞走了。

6.从那以后，再没有青蛙嘲笑福格斯的叫声了。而且，他们都觉得这样的叫声能很好地保护自己，所以大家都向福格斯学习怎么发出喵喵的声音。

· 让学生填写写作构思纸。

第二课：写作

· 教师看完学生的写作构思纸以后，返还给学生，让学生互相交流自己的故事。在听别人故事的时候，要认真地思考：听完这个故事以后，你对“保持真实的自我”有没有什么新的想法？

· 根据学生的实际情况，可以让学生把“故事盒子”扩展成较长的故事。通过添加细节、举例、加入对话等，每一个方框内容可以扩展成一个段落（如果做一本“迷你书”，则每个方框内容扩展成一页。）有一个方框内容不必扩展成一个单独的长段落——就是“环境”框，但是需要在故事的开头提到。

第三、第四课：

参见第186页。

六、改变读者对“改变”的想法

参考书目：

Peter Brown, *The Curious Garden*（I）
彼得·布朗 《好奇花园》
Barbara Cooney, *Miss Rumphius*（P, I）
芭芭拉·库尼 《老婆婆》
Rebecca Doughty, *Some Tips for A Better World and a Happier Life*（I）
瑞贝卡·道蒂 《更好的世界，更好的生活》
BJ Hennessy, *Because of You*（P）
B.J.亨尼西 《因为你》
Anne McGovern, *The Lady in the Box*（I）
安妮·麦克格温 《住在盒子里的女士》
Cindy McKinley, *One Smile*（P, I）
辛迪·麦金莱 《一个微笑》
David McPhail, *The Teddy Bear*（P, I）
戴维·麦克菲尔 《泰迪熊》
Katie Smith Milway, *One Hen – how one small loan made a big difference*（I）
凯迪·史密斯·米尔维同 《一只母鸡：小贷款带来大变化》
Emily Pearson, *Ordinary Mary's Extraordinary Deed*（P, I）
艾米丽·皮尔逊 《小小玛丽不平凡》
Isabel Pin, *When I Grow Up, I Will Win the Nobel Peace Prize*（I）
伊莎贝尔·平 《我长大要拿诺贝尔和平奖》
Christina Reist, *Jack the Bear*（P）
克里斯蒂娜·雷斯特 《小熊杰克》
Tom Rath, *How Full is Your Bucket?*（P, I）
汤姆·拉斯 《你的篮子有多满》
Rebecca Upjohn, *Lily and the Paper Man*（P）
丽贝卡·厄普约翰 《莉莉和卖报的人》

第一课：构思

> **叙述力**：爬坡故事
> **技术力**：使用第三人称写作（参见第58页）；情感表达（参见第55页）；对话（参见第63页）

- 向学生说明，他们的写作目的是帮助读者从新的角度思考问题，转化思维方式。作者通常会选择自己关心的、感兴趣的主题来写作。选择一到两本参考书读给学生听，让他们发现其中的共同点。
- 讨论：

这些书的主题是什么？（描写那些能改变世界的行为。）作者描写了哪些能够改变世界的行为？（保护环境；帮助无家可归的人；做好事等。）作者想让我们思考什么？（一些小的举动也会引起大的改变；在某些方面，你也是能改变世界的；不要等着别人——现在就行动！）想一想，作者为什么要写这个主题？（可能作者以前体会过别人的好意；他们认为这种主题很重要，希望我们也能考虑这个问题。）

- 请学生回想一下，自己是不是曾经做过什么事情，让世界发生了一些改变？这些事可以发生在家里，在社区，在学校，在教会。这些事情可以是学生单独完成的，也可以是和别人一起完成的。让学生和大家分享自己的这种经历。如果学生没有类似的经历，就让他们想象一下：自己可以做些什么事情对世界产生影响？
- 这周写作课的主要目标是：以“改变”为主题进行写作。

就像我们刚才读到的那些书一样，一些小事，比如一个微笑，也可以引起变化。

学生的写作可以是基于自身经历，也可以是虚构的。先想一想，你笔下的主人公将引起什么样的“改变”？

改变别人。如何改变？
改变世界（周围环境）。如何改变？

使用第三人称写作。

· 把本书第212页“故事盒子写作构思纸”发下去，和他们一起复习每个方框里该填什么内容。

“改变”的故事盒子

1. 环境（画图）	2. 开头：介绍主人公。	3. 问题：是什么事情使主人公思考“行为改变世界”这个问题
4. 活动：描述具体行为。	5. 问题是怎么解决的？主人公做完那件事情以后，发生了什么样的变化？别人的反应如何？	6. 结尾：行为如何引起变化？

· 范文：

教师示范

1. 环境：操场

2. 卓尔是个快乐的女孩。她的卧室里面有好多好多的玩具，她的肚子里塞了好多好多美味的食物，她的衣橱里有好多好多漂亮的衣服。最棒的是，她的家里充满了爱。

3. 女孩米娅很难过。她的家里没什么玩具，食物也不是很多，也没有很多很多的爱。最糟糕的是，米娅每天都穿着一样的衣服。

4. 有一天，米娅和卓尔在操场上一起玩。卓尔注意到米娅悲伤的表情，破旧的衣服和瘦削的双腿。吃午饭的时候，卓尔把自己一半的三明治分给了米娅，还给了米娅一些水果零食。米娅露出了一点点微笑。

5. 第二天，卓尔让妈妈做了两个三明治，她把其中的一个给了米娅。然后她从自己的衣橱里找出了三件从来没有穿过的衣服，送给了米娅。米娅露出了微笑。

6. 卓尔在学校开始了一个“交换三明治”的活动。每周都有一天，大家都要多带一些好吃的来学校，和别人一起分享。在米娅的帮助下，卓尔把自己的快乐传播开来。

· 让学生填写写作构思纸，在动手写作之前，和他们一起回顾写作目标：帮助读者转化思维方式。

第二课：写作

· 教师看完学生的写作构思纸以后，返还给学生，让学生和同桌分享自己的写作主题。想一想：同桌的故事让你从哪些方面重新思考“改变世界”这个主题？

· 根据学生的实际情况，让学生把“故事盒子”扩展成一篇完整的文章。每一个方框内容代表一个段落（如果要做一本“迷你书”，每一个方框内容代表一页），但是需要作者添加更多的细节及对话进去。“环境”这个方框内容可以不必扩展成一个单独的段落，但是需要在文章开始的部分交代清楚。

第三、第四课：

梅兰妮·沃尔什的《我所能做的十件改变世界的事情》是本堂课最佳的参考书。

参见第186页。

初级写作者的故事线：你能引起大变化！

学生集体头脑风暴，想一想，他们能做些什么事情来改变世界？

如果我看见…… 我能……	当我…… 我会尽力……	当我…… 我能……	如果我… 也许……

· 范文：

教师示范

如果我在操场上看见有人乱扔垃圾，我可以把垃圾捡起来，丢到垃圾桶里。

当我看到别人伤心的时候，我会尽力使他高兴起来。

当我刷牙的时候，我会把水龙头关上。

如果我能帮助妈妈分担一些家务，也许她会不那么辛苦。

七、改变读者对“希望和感激”的想法

参考书目：

Remy Charlip, *Fortunately*（I）
李米·查立普 《幸好》
Maryann Cocca-Lffler, *Rain Bring Frogs*（P）
玛丽安·可卡·拉弗雷 《雨天的青蛙》
Michael Foreman, *Fortunately, Unfortunately*（I）
迈克尔·福尔曼 《幸运的，不幸的》
Kevin Henkes, *A Good Day*（P）
凯文·亨克斯 《美好的一天》
Eric Letwin, *Pete the Cat*（P, I）
埃里克·利特温 《彼得猫》
Leslea Newman, *The Boy Who Cried Fabulous*（P, I）
莱斯利·纽曼 《“妙极了”男孩》

> **叙述力**：平路故事
> **技术力**：重复句（参见第54页）；使用第三人称写作（参见第58页）；对话（参见第63页）

第一课：构思

· 向学生解释：此次写作的主要目的是帮助读者从另一个角度思考主题。选择一到两本参考书，大声读给学生听。问问他们这些参考书有什么共同点。想一想，这些作者从哪些方面改变了读者的思维方式？

· 教师向学生说明：这些书的共同点是希望读者重新思考生活中发生的不幸事情。当不幸的事情发生时，我们有两种选择：一种是沉浸在悲伤中，继续不幸下去；另一种是积极对待，从不幸中走出来。

· 有条件的话，给学生播放博比·麦克弗林的歌曲《别担心，高兴点》。让学生认真听歌词，理解这首歌的含义。在黑板上写下“别担心，高兴点”——这是这首歌曲和这些参考书的共同点：教会读者积极看待生活，哪怕遭遇不幸，也要保

> 歌手安妮的歌曲《太阳明天会升起》是另外一个很好的例子。

持乐观的态度。

· 请学生回想自己的经历：在日常生活中有什么事情让你觉得情绪低落？（丢了一片拼图，或者一块乐高积木；你以为轮到你了，结果却不是；没有被邀请参加生日聚会；输了球赛；丢了很重要的东西等。）让学生互相交流这些经历。

有时候，当一件不好的事情发生时，我们把所有的注意力都集中在那件不好的事情上，却忘记了生活中同时也有很多美好的事情。接下来，我们要写一篇“化悲痛为力量”的文章，并且让读者们从另一个角度看待生活中那些不好的事情。

· 把下表画在黑板上或者演示纸上，教师先给学生示范，让学生填接下来的空格。

发生了什么？	消极反应	积极反应
我丢了一块乐高积木	生气 把搭好的积木拆了 不玩了 心情低落	找另一块积木 跟别人借一块积木 幸好我还有很多块别的积木

· 把本书第213页“别担心，高兴点！写作构思纸”发下去，让学生回想自己的亲身经历，把表格填写完整。同时，让他们想一想自己故事的主线是什么？大家头脑风暴，想出更多的点子来。

嘿！没关系的！
别担心，朋友。
没那么糟糕啦，高兴点！

高兴点！站起来大声说："没关系！"
没事的，都会过去的！

第二课：写作

· 收回写作构思纸，请学生和一位同伴分享他们的表格和主线。向他们说明要将自己的想法写成一个爬坡故事。重新回顾一下本书第38页所说的爬坡故事的要素，向学生说明他们要将自己的写作构思纸上的内容变成一个第三人称的故事。主角可以是人类，比如《雨天的青蛙》里面的内特；也可以是动物，比如《彼得猫》里面的彼得。这些主角需要表现出一些积极乐观的特质，从而可以帮助读者用积极的方式来看待问题。故事包括重复的主线。

· 范文：

教师示范

凯西·斯泰西和乌鸦乔是好朋友，但是他们并不总是用同样的方式看待问题。

当乌鸦乔没有去凯西·斯泰西家过夜时，他就会哼哼着，发着火跺脚。凯西·斯泰西告诉他："没事的，乔。至少我们还可以一起玩几个小时。"

当乌鸦乔过生日没有得到自己想要的乐高玩具，他也会哼哼着，发着火跺脚。凯西·斯泰西告诉他："没事的，乔。至少你得到了一套新的乐高玩具。"

当乌鸦乔在商场里只得到一个儿童蛋卷冰激凌，他还是会哼哼着，发着火跺脚。凯西·斯泰西告诉他："没事的，乔。至少你还有个冰激凌。"

当乌鸦乔在百米赛跑中只拿到第五名，他仍然会哼哼着，发着火跺脚。凯西·斯泰西告诉他："没事的，乔。至少你不是最后一名嘛。"

· 在分享了例子之后，让学生为故事加上一个结尾。向学生说明：有时候作者会直接把信息写出来，就像《彼得猫》里那样：

故事的寓意就是说，不管你遇到什么，只管往前走，唱着自己的歌，因为这样就很好。

指出：作者也可以留出一点空间，让读者发挥想象力，就像

《雨天的青蛙》那样：

> 内特说："在云朵的背后，我看见了太阳。"

叙述力：爬坡故事
技术力：比喻（参见第50页）；添加细节（参见第48页）；使用第三人称写作（参见第58页）；对话（参见第63页）

第三、第四课：

参见第186页。

初级写作者的故事线：不要发火，高兴点！

如果你……不要……	当你……不要……	如果你……不要……	当你……不要……

· 范文：

教师示范

> 如果你没法自己系鞋带，
> 不要放弃！呼吸一口气，再试一试！
> 当你比姐姐拿到的食物小了点，
> 不要抱怨！享受自己的食物！

八、改变读者对"克服困境"的想法

参考书目：

Serge Bloch, *Reach for the Stars: and Other Advice for Life*（I）
瑟奇·布洛赫《摘星星：关于生活的建议》

Paulette Bourgeois, *Franklin in the Dark*（P）
波莱特·布尔乔亚《小乌龟富兰克林：黑暗中的富兰克林》

Peter Catalanotto, *Emily's Art*（I）
波得·卡塔兰诺托《艾米丽的艺术》

Maria Dismondy, *Spaghetti in a Hot-dog Bun: Having the Courage*（P, I）
玛利亚·迪斯梦迪《热狗里的意大利面：拥有勇气》

Tom Lichtmindt, *Cloudette*（P, I）
汤姆·里奇明德特《克劳迪特》

Leo Lionni, *Swimmy*（P, I）
李奥·李奥尼《小黑鱼》

Holly Meade, *If I Never Endeavour Forever*（P, I）

霍利·米德 《如果我没有尽力》
Sebastian Meschenmoser, *Learning to Fly*（P, I）
塞巴斯蒂安·麦什莫泽 《学会飞翔》
Watty Piper, *The Little Engine That Could*（P）
瓦提·派普 《小火车帮大忙》
Peter H. Reynolds, *Ish*（P, I）
彼得·雷诺德 《味儿》
Amy Krouse Rosenthal, *The OK Book*（P）
艾米·克劳斯·罗森塔 《OK书》
Shaun Tan, *The Red Leaf*（I）
肖恩·谭 《红叶》
Bernard Waber, *Courage*（P, I）
伯纳德·韦伯 《勇气》
Melanie Watt, *Scaredy Squirrel*（P, I）
梅拉尼·瓦特 《小嘀咕的幸福生活》

第一课：构思

叙述力：爬坡故事
技术力：添加细节（参见第48页）；使用第三人称写作（参见第58页）；对话（参见第63页）

· 向学生说明，他们的写作目的是帮助读者从新的角度思考问题，转化思维方式。作者通常会选择自己关心的、感兴趣的主题来写作。选择一到两本参考书读给学生听，让他们发现其中的共同点。问问学生：这些主题从哪些方面引起了他们的思维变化？

我们的生活中处处充满了挑战,时刻有困难等着我们去克服。遇到困难时，有时我们需要鼓起勇气，接受挑战。有时我们需要恒久坚持，不断尝试，最终取得胜利。接受挑战不是一件容易的事情，但会使我们变得更加坚强，有机会尝试以前从未尝试过的事情。

· 很多时候，作者都是根据自己的亲身经验来写作。请学生们回想一下自己以往的经历，是不是曾经遇到过什么艰难的挑战？包括转学、学骑自行车、高台跳水、加入一个集体或者参加才艺秀、当众演讲、结识新朋友、学会一种新技能，比如新的乐器和新的体育活动。同桌互相分享这些经历。

· 讨论：

当你要尝试一样新东西的时候，你的心理活动是怎样的呢？（害怕，紧张，害羞，不敢。）当你克服了内心的恐惧，勇敢尝试后，你的心理活动是怎样的呢？（自豪，觉得自己了不起，坚定。）如果你不敢尝试，结果是怎样的呢？（永远也不会知道自己擅长什么，永远不会有新的经历，学不会新东西。）当我们想尝试新东西的时候，经常会遇到什么样的阻碍？（不自信，别人不相信我。）我们怎样才能克服这些困难呢？（鼓起内心的勇气和力量，偶然的机会，借助他人的帮助。）

想一想，作者为什么要选择这样的主题写作呢？作者想让读者思考些什么？（当你遇到困难的时候，不要放弃，勇敢地面对，积极地克服困难。）

· 布置这周的写作主题：写一篇关于坚持、克服困难的文章，并帮助读者从另一个角度重新思考这些问题。学生需要通过一个主人公战胜困难，接受挑战的故事，来说明这些主题。要借助自己的亲身经历来塑造主人公。把本书第214页的“克服困难写作构思纸”发下去。教师可以给出范文。

> 你可能需要告诉你的学生，勇气来自自己，而鼓励来自他人——但仍少不了勇气。

第二课：写作

· 重申写作主题：克服恐惧，下定决心，克服困境。把学生的写作构思纸发下去，同桌互相讨论。把本书第212页“故事盒子写作构思纸”发下去，和学生一起复习“故事盒子”的填写规则。

“克服困难”的故事盒子

1. 环境（画图）	2. 开始：介绍主人公，以及他面临的挑战。	3. 问题：主人公在克服困难的过程中，遇到了哪些难题？
4. 活动：描述主人公努力尝试过，但是失败了的事情。	5. 问题是怎么解决的？主人公是怎么克服困难的？	6. 结尾：描述主人公现在的行为和感觉。

·范文：

教师示范

1. 环境：草原

2. 长颈鹿杰瑞的脖子特别短。

3. 他够不到树顶上美味的树叶，只能吃到下面那些又干又小的叶子。

4. 他试着爬树，但是失败了。

5. 有一天，他正在吃一棵橡胶树低处的干树叶，结果沾了一些橡胶在脚上。他使劲地跳脚，想把那些黏糊糊的橡胶给弄掉。突然，他发现自己跳得很高！

6. 现在，杰瑞可以跳起来吃树上的树叶了！

·通过添加细节和例子，以及对话，让学生把“故事盒子”的每个方框内容扩展成为单独的段落。“环境”不用扩展成单独的段落，但是需要在故事的开始写清楚。

第三、第四课：

参见第186页。

九、改变读者对“什么是最重要的”的想法

参考书目：

Juta Baur, *selma*（I）
朱塔·鲍尔 《萨尔玛》
Byrd Baylor, *The Table Where Rich People Sit*（I）
博德·贝勒 《富人坐的桌子》
Maribeth Boelts, *Those Shoes*（I）
麦克白·贝尔茨 《鞋子》
Greg Foley, *Willoughby and the Lion*（P,I）
格雷格·佛利 《威罗比和狮子》
Nan Gregory, *Pink*（I）
南·格雷戈里 《粉红色》
Colin McDougall, *The Gift of Nothing*（P,I）
帕特里克·麦克道奈尔 《我把“没有”送给你》
Jon Muth, *The Three Questions*（I）
琼·穆特 《尼古拉的三个问题》
Colin Thompson, *The Short and Incredible Happy Life of Riley*（I）
科林·汤姆普森 《莱利短暂而幸福的生活》
Colin Thompson, *The Big Little Book of Happy Sadness*（I）
科林·汤姆普森 《悲观书》
Linda Kranz, *Only one you*（P）
琳达·克兰兹 《只有你》

第一课：构思

> **叙述力**：爬坡故事
> **技术力**：比喻（参见第50页）；添加细节（参见第48页）；使用第三人称写作（参见第58页）；对话（参见第63页）

· 问问学生：有什么东西是他们目前没有，但是很想拥有的？（一个特别的玩具、名牌鞋子、手机、平板电脑、去旅游、稀有的游戏卡、特别的衣服等。）大家互相交流一下这些经验。问问他们：看到别人拥有自己没有的东西时，是什么样的感觉？选择一到两本参考书，读给学生听，让学生总结这些书的共同点。想一想，作者想让我们思考的问题是什么？（钱、大房子，还有很多物质方面的东西，看起来非常重要，但实际上，最重要的事情是和我们爱的人待在一起，感受到爱，并且给予别人爱。）这些书的作者希望我们学会感激自己已经拥有的东西，而不要一直想着那些我们没有的东西。

· 讨论：

你觉得，快乐的秘密是什么？为什么有时人们不断地渴求拥有更多的东西，却并不觉得快乐？很多书都是围绕这个问题展开的，作者希望我们思考些什么？

《尼古拉的三个问题》中的尼古拉想成为一个好人。《我把“没有”送给你》中的穆迟苦恼于该送什么礼物给朋友，因为他的朋友看起来已经拥有了一切。《萨尔玛》中的小狗想知道什么是幸福。《威罗比和狮子》中的威洛比想知道该许什么愿。《莱利短暂而幸福的生活》中，人们想知道怎么才能长生不老，幸福健康地生活下去。

这些关于生活的深奥的问题，我们怎样才能得到答案呢？（通过自我发现、自身经验，借助别人的帮忙。）

· 向学生布置接下来的写作任务：写一篇关于主人公探索生活奥秘的文章。

· 大家一起头脑风暴，想出一些问题来：

幸福是什么？
最重要的事情是什么？
我们为什么活着？
生活的意义是什么？

· 把本书第215页“什么是最重要的？写作构思纸”发下去。提醒学生使用第三人称写作，描述主人公如何探索一个生活问题的答案。可以让学生和同桌一起完成写作计划。

第二课：写作

· 学生完成写作构思纸以后，开始填写“故事盒子”。

“什么是最重要的？”故事盒子

1. 环境	2. 开头：介绍主人公。	3. 问题：你的主人公在寻找一个什么问题的答案？（这个问题必须和幸福，以及“什么是最重要的”有关）
4. 活动：描述主人公寻找答案，但是失败了的过程。	5. 问题解决：主人公最后是怎么找到答案的。	6. 结尾：主人公的变化。

· 填写完“故事盒子”以后，学生继续接下来的写作。把“故事盒子”的每一个方框内容扩展成为一个单独的段落。

· 范文：

教师示范

威廉喜欢各种各样的东西。他得到的东西越多，就越想拥有更多。问题是：他其实并没有很多时间用这些东西。

有一天，妈妈问他：“你的东西够多的了吧？”

威廉说："才不呢——再多也不够！"

很快地，威廉开始想这个问题："到底多少才算是够呢？"

威廉问他的朋友撒密安："你说，多少才算是够呢？"

撒密安说："我觉得再多都不算够！"

威廉又去问奶奶："到底多少才算是够呢？"奶奶说："那取决于你对东西的定义。这些东西是你能够触摸到的，还是你能感觉到的呢？"

威廉还是不知道。

- 请学生给上面的文章续写一个结尾：威廉是怎么意识到拥有再多的东西也不能真正令他高兴？

第三、第四课：

参见第186页。

民族多样化写作构思纸

姓名：________________

不同点可以是：喜欢的事，不喜欢的事，外貌，爱好，兴趣，家，文化，天赋

不同点	我	别人（姓名）

____的感觉写作构思纸

姓名：____________________

看起来	听起来
闻起来	尝起来
摸起来	感觉（情绪）

故事盒子写作构思纸

姓名:____________________

1. 环境	2. 开头	3. 问题
4. 活动	5. 问题是怎么解决的?	6. 结尾

别担心，高兴点！写作构思纸

姓名：＿＿＿＿＿＿＿＿＿＿＿＿＿＿＿＿

发生了什么？	消极反应	积极反应

克服困难写作构思纸

姓名：________________

主人公 从以下选项中选择： □ 人类 □ 动物 姓名：________________	画一幅主人公的图
主人公遇到了什么样的挑战？ 从以下选项中选择： □ 害怕 □ 有事情挡住了去路 □ 有人挡住了去路	说明： __________遇到的挑战是他/她 ________________ ________________ ________________ ________________
主人公是怎么克服困难的？ 从以下选项中选择： □ 凭借自己的勇气和坚持 □ 借助他人的帮助 □ 偶然地	说明： __________克服了遇到的困难 ________________ ________________ ________________ ________________

什么是最重要的？写作构思纸

姓名：＿＿＿＿＿＿＿＿

主人公 从以下选项中选择： □ 人类 □ 动物 姓名：＿＿＿＿＿＿	画一幅主人公的图
主人公会问哪些和生活有关的问题？ ＿＿＿＿＿＿ ＿＿＿＿＿＿ ＿＿＿＿＿＿ ＿＿＿＿＿＿ ＿＿＿＿＿＿	关于这个问题，你希望读者思考并给出什么样的答案？ ＿＿＿＿＿＿ ＿＿＿＿＿＿ ＿＿＿＿＿＿ ＿＿＿＿＿＿
主人公是怎样发现问题答案的？ 从以下选项中选择： □ 自己发现的 □ 偶然地 □ 借助别人的帮助	说明： ＿＿＿＿＿＿ ＿＿＿＿＿＿ ＿＿＿＿＿＿ ＿＿＿＿＿＿ ＿＿＿＿＿＿

最后的话

> 如果你只是在教，没有在学，那么你就不是真的在教。
>
> ——弗兰克·麦库特

作为教师，我们始终在不断学习的旅程中，寻求能够发挥我们学生最大潜力的方法。当我发现自己在一本写给教师的书里处于“施”的那一端时，我感受到了巨大的压力，因为我知道在这本书“受”的那一端，有许多人已经在这学习的旅程中走了很远，为这本书的写作教学添加了深广的经验与知识，而另一些人则才刚刚开始踏上这旅程。我亲爱的朋友和同事吴爱民曾经非常恰当地描述：每一位曾经是教师的人都需要“某种灵感的注入”，我希望这本书能够做到这一点。我希望，你们中的所有人都能够在这本书中找到一些实用的点子，来教导自己的学生：在写作中，要用思想和文字使读者投入其中。我也希望，这本书能够为你们提供一处空间来反思究竟何为写作；如何与他人分享想法与思考；怎样将文字“赠予”他人。如果我能够为你们在学习的旅程中提供一点微小的帮助，那将是我莫大的荣幸。